L'ADMINISTRATION

DU MARQUIS

DE POMBAL.

TOME PREMIER.

Dessiné par C. Marinet.　　Gravé par S. C. Miger.

L'ADMINISTRATION

DE SÉBASTIEN-JOSEPH

DE CARVALHO ET MÉLO,

COMTE D'OEYRAS,

MARQUIS DE POMBAL,

Secrétaire d'État, & Premier Ministre du Roi de Portugal Joseph I.

TOME PREMIER.

A AMSTERDAM

M. DCC. LXXXVI.

PRÉFACE.

L'Administration de l'Homme d'Etat, est cette direction générale qui maintient l'ordre de la société politique. Il faut qu'elle se rapporte à la nature & au principe du Gouvernement qu'on cherche à établir, ou qu'on veut rétablir. Elle doit être relative au physique du pays, au climat froid, chaud, tempéré qu'on habite, à la qualité du terrein, à sa grandeur, à ses productions, à ses richesses, au génie de son peuple, à ses mœurs, à ses manières, aux arts, au commerce, & à l'industrie de ses habitans.

Avant de placer Carvalho à la

tête des affaires , je parcours d'un œil rapide quelques endroits particuliers des Annales du Portugal.

Lorsqu'on réfléchit avec attention fur les révolutions de ce Royaume, on trouve qu'il a eu une deftinée unique. Dès fa naiffance , il éprouve des viciffitudes qui ne font pas ordinaires. Au quinzième fiècle, il fait la conquête des Indes. Toute l'Afie paffe fous fa domination. Dès-lors, la fortune du Portugal eft prodigieufe. L'Hiftoire ne dit point qu'aucune nation fe foit élevée d'un vol plus rapide au faîte des grandeurs. Rome elle-même , dans le fort de fa gloire , ne conquit jamais tant d'Etats, ne domina fur tant de peuples , ne s'empara de tant de Sceptres , & ne mit aux fers tant de Rois.

C'eſt un ſpectacle, de voir le plus petit Etat de l'Europe, devenir la première Puiſſance du monde.

La découverte du Cap de Bonne-Eſpérance par le Portugal, change le ſort de la République générale. On voit de grands Empires devenir de petits Etats, & des Etats médiocres s'élever au rang des grandes Puiſſances. Le commerce produit ce changement. J'en donne l'abrégé hiſtorique. Alors commence cette célèbre révolution, dont l'influence s'étend ſur toutes les parties du globe. L'ancien & le nouveau Monde ne forment qu'un théâtre de richeſſes. Les nations les plus éloignées ſe rapprochent par de nouveaux beſoins.

Juſques-là, l'Aſie ne forme qu'un

théâtre de riches productions, dont les Portugais font les feuls en pof-feffion. Mais bientôt l'ambition ou l'avarice des autres nations cherche à fe les procurer. La Hollande, l'Angleterre, la France & la Suéde veulent avoir part aux tréfors des Indes, & cherchent à s'y établir. A cette époque, commencent des guerres, dont on ne trouve aucun exemple dans les anciennes Annales militaires. Les combats qui fe donnent fur ce nouveau champ de bataille, font d'autant plus fanguinaires, que l'ennemi vaincu n'a point de retraite.

La découverte du Bréfil donne un nouvel éclat au Portugal. Outre la gloire perfonnelle d'ajouter un nouveau Monde à l'ancien, fes productions feules fuffifent pour élever fa puiſſance au-deſſus de toutes les autres Puiſſances.

Au milieu de cette proſpérité enviée de tous les autres Gouvernemens, une autre révolution change le ſort de cet Empire. Les mines d'or donnent d'autres mœurs aux Portugais. Ce métal, de tout tems funeſte aux hommes, corrompt un peuple qui, juſques-là, a été incorruptible. Sa dégradation le fait deſcendre plus bas, que ſa gloire ne l'a élevé. C'eſt le caractère du cœur humain, qui ne ſouffre point d'état intermédiaire dans les vertus comme dans les vices.

L'Eſpagne, ennemie du Portugal, comme le ſont tous les Etats limitrophes, profite de cette criſe pour l'affoiblir. Philippe II uſurpe ſa Couronne. Un moment de valeur fait rentrer le Portugal dans ſes droits ; mais ce n'eſt que pour l'affoiblir davantage.

Le règne du Duc de Bragance, qui eſt entiérement militaire, ne lui donne pas les vertus qui élèvent les Etats. Dans un Gouvernement, qui cherche à ſe rétablir par les armes, ce n'eſt pas aſſez que ſon peuple devienne ſoldat, il faut encore qu'il ſoit citoyen. Celui qui ne l'eſt pas s'affoiblit par les victoires mêmes qu'il gagne pour devenir puiſſant.

Jean V, qui ſuccède à tant derévolutions, cherche à relever l'Empire, mais il attache trop de faſte & de grandeur à ſon Gouvernement. Il veut rétablir les arts, mais il ne le veut pas aſſez. Tous ſes établiſſemens ſont de ſuperbes ébauches, qui ſont voir de loin le Prince magnifique , fans qu'on y découvre la main du grand Roi. Sa maladie , qui dure neuf ans , jette le trouble & la confufion dans l'Etat , &c. &c.

Voilà quel étoit le Royaume de Portugal , lorfque Sébaftien Jofeph de Carvalho , connu depuis fous le nom de *Marquis de Pombal* , prit les rênes de l'Empire.

J'ai raffemblé fous un feul point de vue tous les principaux événemens du règne de Jofeph Ier , qui ont été dirigés par ce premier Miniftre. C'eft ce que j'appelle *l'Adminiftration du Marquis de Pombal*

Je n'ai point féparé le Gouvernement politique de l'Etat civil & économique. J'ai plus cherché à fuivre l'ordre des faits , que celui des chofes.

Je refute d'abord un libelle , qui a paru fous le titre de *Mémoires du Marquis de Pombal* , où ce grand homme eft fi fort défiguré , qu'au portrait qu'on en fait , il n'eft pas reconnoiffable.

AVANT-PROPOS.

AVANT-PROPOS

Pour servir de réfutation à un libelle qui a pour titre, Mémoire de Sebastien-Joseph de Carvalho & Melo, Comte d'Oeyras, Marquis de Pombal, Secrétaire d'Etat, & premier Ministre du Roi de Portugal Joseph I.

RIEN ne retarde plus les progrès de l'histoire politique, que le préjugé qu'on se forme sur ceux qui dirigent l'empire. Il faudroit remonter bien haut dans nos annales, pour trouver la source de cette prévention ; elle tient à une antiquité très-reculée. C'est une suite de la grande révolution qui changea les gouvernemens ; je

Tome I.   A

veux dire, les hommes. Voici des principes.
Après que les Céfars eurent coupé les
nerfs de la République Romaine, il n'y eut
plus de liberté; toutes les fociétés, toutes
les nations, tous les peuples furent efclaves. Alors les aifes & les commodités de la
vie qui naiffent des befoins attachés à la
fervitude, prirent la place de ces vertus
qui avoient diftingué les grands citoyens.
On ne penfa plus qu'à fe donner en fpectacle par le fafte & l'oftentation. Tous les
états furent remplis de luxe. Les profufions
qu'il caufa dérangèrent par-tout les finances
qui, dans nos temps modernes, font la
puiffance elle-même.

Si de nos jours il fe trouve un Miniftre
d'Etat qui cherche à corriger le vice, dé-
prédation qui règne chez une nation, pour
y faire renaître la vertu de l'économie, d'où
le gouvernement politique tire toutes fes
reffources, on fe déclare contre lui. Lorfque Sully voulut s'oppofer aux monopoles
des gens d'affaires qui appauvriffoient la
France par leurs vexations, Henri IV lui

dit : *Vous allez indifpofer contre vous tout le Royaume.* Colbert ayant voulu donner de l'activité à la nation , en ajoutant de nouveaux refforts à fon induftrie-pratique , le peuple en devint fi furieux , qu'après fa mort , il voulut déchirer fon corps : règle générale : tout Miniftre réformateur , paffe pour perfécuteur.

De toutes les préventions qui , dans nos temps modernes , ont affecté l'efprit humain , il n'en eft aucune qui ait montré tant de chaleur & d'animofité , que celle qu'on a attachée à la mémoire du premier Miniftre du Roi de Portugal Jofeph I, connu fous le nom du Marquis de Pombal. Les fentimens ont été fi partagés fur fon caractère , qu'on ne trouve rien de femblable dans l'hiftoire miniftérielle. Les uns l'ont regardé comme un fcélérat qui a fait jouer tous les refforts de la plus noire politique , pour s'élever à la première Charge, & qui , faute de talens & de génie , a employé les crimes les plus énormes. Les autres lui ont donné le caractère d'un homme fage & éclairé, auffi actif que laborieux, qui s'eft fait jour au rang où il eft monté, par les vertus qui y font parvenir. Il eft trifte que, dans un fiècle auffi éclairé que le nôtre, on puiffe avoir une opinion fi différente du même Miniftre, & qu'on life dans nos annales politiques, des traits qui défigurent ainfi le jugement des hommes.

Cependant la conftitution monarchique avoit pourvu à ce defordre par des loix très-fages, dont la tranfgreffion a des conféquences dangereufes dans le gouvernement d'un feul. En effet, ofer s'en prendre au premier agent d'une Couronne; donner une fauffe interprétation à fes vues & à fes deffeins; le rendre coupable d'une longue fuite de forfaits; le faire paffer pour un tyran, eft un crime de lèze-Majefté au premier chef. C'eft s'en prendre à la perfonne du Roi même, en le rendant complice des délits dont on accufe celui qu'il s'eft choifi pour partager le foin de l'Empire. Tel eft l'Auteur du libelle dont on vient de lire le titre.

C'eſt un malheur attaché à l'état phyſique de l'homme, que les premières im-
preſſions qu'il reçoit ſont celles qui reſtent plus long-temps gravées dans ſa mémoire. En liſant un livre qui attaque la
réputation d'un homme d'Etat, on ne
cherche point à ſavoir ſi celui qui l'a écrit
eſt un méchant homme, on ne s'occupe
que de ſes méchancetés, qui plaiſent
d'autant plus, que les foibleſſes qu'on lui
donne nous rapprochent de lui; s'il ne ſe
trouve alors quelqu'Auteur citoyen qui le
juſtifie, il arrive qu'un grand homme d'E-
tat paſſe pour un mauvais Miniſtre. Il ne
faut pas dire que le temps le juſtifiera,
parce que la vérité perce tôt ou tard au
travers du menſonge. Cette maxime n'eſt
bonne que lorſque le Miniſtre vit, ou eſt
encore en place, pouvant par la ſuite de
ſa conduite diſſiper la première impreſſion
qu'on s'eſt formée de lui; mais lorſqu'il
eſt mort, on le laiſſe dans le tombeau au
milieu de la mauvaiſe réputation que les
libelles lui ont donnée. C'eſt donc lorſ-

qu'un tel Ministre n'est plus, qu'il faut dire ce qu'il a été.

Il n'est pas inutile de savoir ce qui a donné lieu à ce mauvais livre : on jugera par là du cas qu'on doit en faire. Le Ministre, en prenant les rênes du gouvernement, voit une Société religieuse établie dans le monde chrétien pour dire le chapelet, prêcher l'Evangile, & prendre soin de l'éducation de la jeunesse ; mais qui se mêle de toute autre chose. Il forme dès-lors le dessein de l'abolir.

Un membre de cette Société bannie du Portugal, du fond de son exil, rassemble un tas de mensonges, de calomnies, dont il remplit quatre volumes, auxquels il donne le nom de Mémoires. C'est une satyre, dictée par une plus noire vengeance. Il attend que le Ministre ne soit plus pour attaquer sa mémoire. Il descend dans son tombeau, où il répand sa bile sur sa cendre ; il déclare la guerre à une ombre. Rien ne décèle plus la lâcheté d'un Ecrivain, que de s'en prendre aux morts.

Si après le décès des plus grands Miniftres, on faifoit le procès à leur adminiftration, il ne s'en trouveroit aucun ou
prefqu'aucun qui n'eût mal adminiftré.
Cette opinion qu'on a des gens en place
d'un âge à un autre, vient de ce qu'on
ne loue ou blâme leur adminiftration que
par les idées acceffoires qu'on y attache ;
or celles-ci font toujours différentes dans
un temps de ce qu'elles ont été dans un
autre, parce que toutes les pofitions ont
changé, & que ce qui étoit alors un bien,
devient fouvent un mal. Voyez combien
de chofes il faudroit pour juger fainement
d'un Miniftre qui n'eft plus en place ou
qui eft mort : connoître à fond l'état de la
Monarchie qu'il a gouvernée, avant qu'il
prît les rênes du gouvernement ; favoir
quelle étoit alors fa puiffance, pour la
mefurer avec celle qui lui refte ; être inftruit de fon agriculture générale pour ré-
duire la maffe des genres qu'elle produi-
foit, avec celle qu'elle produit ; fupputer
la totalité de l'induftrie nationale ; examiner

A 4

ſi la main d'œuvre, y a gagné ou perdu ;
remonter aux arts & manufactures qui n'é-
toient point établies , pour les comparer
à celles qui le ſont ; calculer l'état des
finances ; ſupputer la ſomme capitale du
numéraire qui y étoit , avec celle qui y eſt ;
ſavoir ſi la dette nationale a augmenté ou
diminué ; examiner ſi le commerce eſt en
meilleur état ; ſi les étrangers en tirent un
ſi bon parti qu'ils en tiroient ; être inſtruit
s'il y a plus de méthode dans l'adminiſtration générale ; ſi les Bureaux particuliers
ſont ſervis avec plus d'ordre ; ſi les deniers
publics ſont mieux ou plus mal adminiſtrés ;
s'il y a plus de ſûreté pour les ſujets : ſi
la police univerſelle eſt en meilleur état ;
diſtinguer les mœurs , le génie , le caractère du Prince régnant d'avec celui qui
régnoit ; connoître ſes paſſions , ſes vices
& ſes vertus ; ſavoir juſqu'à quel point il ſe
livroit aux affaires , pour juger de la part
qu'il laiſſoit à ſon Miniſtre ; être inſtruit
des intrigues , des cabales de la Cour de
ce temps-là , pour les comparer à celles

de la nouvelle Cour ; diſtinguer le caractère des peuples , des courtiſans , de la
nobleſſe ; toutes choſes qui dépendent du
temps , du lieu & des circonſtances , &
non pas des paroles qu'on met dans un
livre.

Le peuple à qui le Miniſtre a rendu les
plus grands ſervices , n'eſt pas ſouvent un
juſte appréciateur de ſon mérite. Il ſe voit
toujours avant la République : ennemi naturel de la réforme & des établiſſemens
nouveaux , il prend pour un mal le bien
qu'on lui fait.

L'ex-Jéſuite jette les fondemens de ſon
libelle ſur un mauvais terrein. Il prétend
qu'on peut accuſer le Marquis de Pombal
de toutes ſortes de forfaits , puiſqu'il s'eſt
rendu coupable du plus grand de tous les
crimes, celui d'avoir expulſé la Société dont
il étoit membre. Voici comme il s'exprime :
N'y eût-il d'autre preuve de la cruauté du
Marquis de Pombal , que le traitement
qu'il a fait aux Jéſuites , cela ſeroit aſſez
pour juſtifier toutes nos imputations. Il

donne pour garant de fon affertion l'Europe entière. Croit - on qu'elle veuille l'être ?

Nous ne parlerions point des premières imputations dont l'Auteur du libelle a chargé la Préface de fon livre, s'il ne les avoit mifes là, pour fervir de fondement à cette foule de fatyres qu'il publie enfuite dans le corps de l'ouvrage. Il commence par vouloir affoiblir la naiffance de ce Miniftre, afin de donner une forte de médiocrité à fes talens ; comme fi le génie avoit befoin d'être d'un fang illuftre. Il dit que Sébaftien Jofeph de Carvalho, connu depuis fous le nom de Marquis de Pombal, étoit fils d'un pauvre Gentilhomme. La fatyre eft fi mal-adroite, qu'elle ne remplit pas toujours fes vues. Il arrive fouvent qu'elle élève ceux mêmes qu'elle cherche à rabaiffer. De tous les titres de nobleffe, celui de Gentilhomme eft le plus noble. On fait qu'Henri I V Roi de France fe fit gloire de le porter. On peut devenir noble, mais on ne devient pas gentilhomme.

Ce titre tire son origine des ancêtres. Les Rois qui peuvent tout, ne peuvent pas faire un gentilhomme. La fortune perd ici son influence : c'est la seule chose que l'argent seul ne peut pas faire.

Sébastien-Joseph étoit encore plus noble du chef de sa mère, que de celui de son père. Donna Thérèse de Mendoza qui lui donna le jour, étoit une Dame de la première qualité, dont elle relevoit l'éclat par les plus grandes vertus. Mazarin qui fut premier Ministre en France n'étoit pas d'une naissance supérieure à la sienne, & celle d'Alberony qui occupa la même place en Espagne, lui étoit de beaucoup inférieure.

La Charge de Secrétaire d'Etat a cet avantage, qu'elle ne demande point d'aïeux. La carrière ministérielle est ouverte à tous ceux qui ont assez de génie pour la remplir : de-là vient qu'il y a moins de Ministres gentilshommes, que de Généraux d'armée. Tel est le préjugé attaché aux armes; qu'il est plus glorieux de servir l'Etat de son épée, que de sa plume. Cependant il faut que l'une de ces professions soit plus difficile que l'autre, puisque dans l'histoire du monde politique, on compte cent excellens Officiers, pour un grand Ministre. Henri IV ne découvrit dans sa Cour que Sully, pour gouverner la France, au lieu qu'il trouva une foule de grands Capitaines autour de lui, qui l'aidèrent à en faire la conquête : c'est qu'il est plus difficile de gouverner un peuple, que de commander une armée. Le hasard & la fortune décident souvent de la réputation d'un Général, au lieu que c'est le talent & le génie qui forment celle du Ministre. Celui-là peut se faire un nom dans une journée : il faut un règne entier pour établir celui de l'homme en place. Après deux ou trois batailles gagnées, le premier peut se reposer sur ses lauriers, sans craindre d'effacer sa gloire : souvent une vie entière ne suffit pas au second pour étayer la sienne.

Il suffit au Général d'une action mémorable pour qu'elle devienne la source de toutes les autres. Le héros de la France, au commencement du régne de Louis XIV, pour animer les François dans une affaire d'éclat, se contenta de leur dire : *Amis, souvenez-vous de Rocroi !* & la victoire fut à lui. Le Ministre doit toujours être homme d'Etat ; il suffit au grand Capitaine de l'avoir été. Après avoir rempli le monde de sa destinée, il peut mourir dans la classe des hommes ordinaires : Voltaire dit qu'il ne resta rien du grand Condé, les dernières années de sa vie. Richelieu ne cessa d'être Richelieu, qu'en cessant de vivre.

Le Critique cherche à dérober l'honneur au Marquis de Pombal, de s'être élevé à l'administration par son génie. Il veut que cette gloire soit due à Paul de Carvalho son oncle, Chanoine de la Patriarchale, homme d'un rare mérite, qui avoit un grand crédit à la Cour. Il est vrai que ce parent fit beaucoup pour lui ; mais il ne suffit pas qu'un protecteur place un homme fur le théâtre de la fortune, il faut encore que le protégé y fache jouer un rôle, & c'eft toujours de celui-ci que dépend le mérite de l'acteur. Combien de génies médiocres vieilliffent à côté du trône, fans avoir acquis d'autre gloire que d'emporter dans le tombeau le nom faftueux & inutile de courtifan; ce qui fait un caractère bien différent d'un citoyen qui veut devenir homme d'Etat. Tandis que celui-là accompagne le Roi à la pêche ou à la chaffe, qu'il favorife fes paffions, fouvent même les irrite, celui-ci étudie la fcience du gouvernement, perce au travers des vices de l'ancienne adminiftration, déchire le voile qui couvre fes abus, & fe met par là en état de fe rendre utile à fa patrie. Il y a long-temps qu'on a dit qu'il n'y a point d'élevation fans mérite. Quoique cette maxime foit très-ancienne, elle eft très-vraie. Plus la place qu'on occupe à la Cour d'un Roi eft diftinguée, & plus le talent qui a fervi à l'y élever eft d'un ordre fupérieur. Il n'eft pas impoffible par l'arrangement des caufes fecondes, qu'un particulier ne fe faffe jour à la première charge de l'Etat; il fuffit pour cela d'un moment heureux, d'une occafion favorable; mais s'il n'a aucune protection auprès du Prince que celle de la fortune, il ne s'y maintiendra pas long-temps. Régle générale; lorfqu'on voit un Miniftre fe foutenir pendant un régne entier à fa place, il ne faut pas chercher d'autre caufe de fon élévation, elle eft dans fon élévation même, les combinaifons du hafard ne fauroient avoir cette forte de conftance. Richelieu & Mazarin fe firent Miniftres. Si la fortune fit beaucoup pour eux, ils firent encore plus pour la fortune.

Pour ôter d'avance au Miniftre la gloire de mettre un nouvel ordre aux finances qui étoient très-dérangées, il dit que Jean V avoit amaffé tant de richeffes, qu'on penfoit alors à Lisbonne, qu'il falloit étayer le plancher de la chambre où on les avoit dépofées, dans la crainte qu'il n'écroulât: c'eft précifément le contraire de ce qu'il a voulu prouver. Il n'y a point d'Etat plus pauvre, que celui où le Roi eſt très-riche. Ce n'eſt pas le tréſor du Prince qui rend la finance abondante ; c'eſt le tréſor de la nation. Pour que tout le monde en jouiſſe, il faut que la ſomme que l'on paie au Roi rentre précipitamment dans les différentes claſſes qui l'ont fournie. Dans le dénombrement du numéraire, le Roi n'eſt qu'un homme. En un mot, la circulation de la ſomme générale eſt la richeſſe de l'Etat.

Cet homme voudroit inſinuer que la police étoit bien adminiſtrée à Lisbonne, lorſque Joſeph I monta ſur le trône, & que le Miniſtre n'eut qu'à ſuivre le plan qui en avoit été tracé ſous le régne précédent ; ce qui eſt viſiblement faux. Il n'y avoit point de ſûreté dans cette capitale, tant pour les nationaux que pour les étrangers. Les prétendues rondes ou patrouilles dont il parle, n'exiſtoient pas, ou exiſtoient mal.

Il n'eſt point vrai non plus, comme il le dit, que Jean V ſoumit la nobleſſe de Portugal,

Portugal , & que pendant son regne, il la tint dans une grande dépendance. Il a voulu dire qu'il avoit voulu la contenir ; mais il ne la contint pas ; on en peut juger par les excès où elle se porta sous le regne de son fils. On ne passe pas ainsi de la soumission à la fureur. Il n'arrive jamais que les Grands commettent un crime capital , sans s'y être préparés d'avance par une licence effrénée.

Le Critique voudroit faire regarder le Conseil de censure formé par ce Ministre pour l'examen des ouvrages littéraires , comme un établissement abusif, qui , au lieu de prévenir la corruption , l'établit : *car si cette loi est si sage , dit-il , pourquoi , depuis cette époque , le Portugal n'a-t-il pas cessé d'être inondé d'écrits impies & licencieux contre la Religion & les bonnes mœurs ?* C'est parler en Recteur de collége , qui voit la république comme une maison religieuse , où sont établis certains devoirs dont elle ne doit point s'écarter ; mais la société littéraire n'est pas faite

comme cela. Elle eſt en droit d'uſer de
tous les moyens que la nature a mis dans
l'eſprit humain ; ſans quoi le plus beau de
ſes attributs lui deviendroit inutile. Il ne
faut pas croire que l'athéiſme ou l'héréſie
porte jamais atteinte au culte divin. Si cela
étoit, il y a long-temps que la Religion
chrétienne ſeroit éteinte, n'ayant jamais
ceſſé depuis ſon établiſſement d'avoir de
grands ennemis : on peut dire même que
c'eſt à cette perſécution qu'elle doit le
triomphe dont elle jouit depuis dix – huit
ſiécles. Les diſputes théologiques, quoique
toujours mépriſables & ridicules, exercent
l'eſprit. On lit, on médite, on étudie l'hiſtoire & les langues anciennes. La critique
naît. On prend un goût ſolide. Bientôt les
ſujets qui échauffoient les eſprits tombent.
Les livres de controverſe paſſent, mais
l'érudition reſte. *Les matières de Religion,*
dit un Ecrivain, *reſſemblent à ces parties*
acides & volatiles qui exiſtent dans tous
les corps propres à la fermentation. Elles
trouvent d'abord de la limpidité dans les

humeurs ; mais elles mettent bientôt en action toute la maſſe. Dans ce mouvement elles ſe diſſipent ou ſe précipitent. Le moment de la diſſipation arrive, & il ſurnage un fluide doux qui ſert à la nutrition de l'homme chrétien.

On peut dire le même des mœurs, dont la corruption tire ſa ſource de toute autre cauſe que des erreurs littéraires. Il n'y a aucun pays au monde où l'on ſoit plus en garde contre cette licence de l'eſprit qu'en Italie, & il n'y en a point de ſi corrompu : c'eſt que, pour l'ordinaire, la débauche marche à la ſuite de l'ignorance publique. Ce n'eſt pas qu'une nation éclairée n'ait ſes vices ; mais, dans ſa corruption même, elle affecte d'avoir des mœurs ; car voilà toute la perfection que nous devons attendre de l'homme moral.

A l'égard des ſciences, qui le diroit ? c'eſt du fond des ténèbres qu'eſt née cette lumière qui éclaire aujourd'hui le monde littéraire. Nous devons aux tourbillons chimériques de Deſcartes, les principes de la

vraie philofophie. Pour découvrir fes erreurs, il a fallu percer au travers des abî-
mes profonds qui couvrent la vérité. Si cet
homme n'avoit pas rêvé comme un infenfé,
les Savans qui font venus après lui n'auroient point penfé en hommes fages : c'eft
en déchirant le voile qui couvre le men-
fonge, qu'on découvre la vérité. Pour que
les fciences prennent un fondement folide,
il faut mefurer la maffe des erreurs avec
celle des connoiffances : or pour les mefurer, il faut les connoître; c'eft de ce pa-
rallèle que dépend le vrai favoir. Si l'Angleterre eft éclairée, fi on y compte plus
de Savans que dans les autres Etats de
l'Europe, c'eft qu'il eft permis à chaque
homme de penfer, & ce qui eft encore
mieux, d'écrire ce qu'il penfe. C'eft encore
ici de cette ambiguité d'idées confufes,
quelquefois ridicules, qu'eft née la vraie
littérature qui a répandu du jour fur la
République des Lettres ; ainfi que du cahos
eft fortie, à la création, cette lumière qui
a éclairé le monde phyfique.

Revenons à notre Critique. Pour préparer le Lecteur à toutes les cruautés qu'il veut donner à ce Miniftre dans fes Mémoires, & les appuyer d'une autorité, il cite Jean V qui avoit dit, qu'*il avoit le cœur couvert de poil.* Quoique cette anecdote fe trouve dans plufieurs livres, elle n'eft vraie dans aucun. Ceux qui ont approché autrefois de la Cour de Lisbonne, favent que ce Prince n'employoit jamais aucun de fes fujets, en qui il reconnoiffoit un vice capital dans le caractère : cependant celui-ci fut deux fois Miniftre fous fon regne.

Comme la pauvreté eft la mère de l'intrigue, & qu'elle eft la fource de tous les vices dans ceux qui afpirent aux premières Charges d' l'Etat, il voudroit infinuer que Sébaftien-Jofeph de Carvalho étoit né fans aucune forte de fortune : à l'exemple des faifeurs de romans, qui font naître leurs héros dans une extrême indigence, pour les faire paroître enfuite avec plus d'éclat fur le théâtre de l'amour ou de la fortune.

Mais ce qui prouve le contraire, c'eſt que, ſans avoir encore paſſé par aucune de ces Charges qui laiſſent après ſoi de grandes richeſſes, Jean V le fit ſon Miniſtre à la Cour de Lisbonne. On ſait que les Rois ne choiſiſſent pas les ſujets les plus pauvres de leurs Etats, pour les repréſenter dans les Cours étrangères. On n'ignore pas non plus que les honoraires qu'ils paſſent à leurs Miniſtres, ne ſuffiſent pas pour les faire paroître avec cet éclat & cette opulence attachée à leur caractère. Il faut que la maiſon du Repréſentant ſupplée au défaut de la repréſentation. On peut juger par-là, combien eſt fauſſe cette anecdote, que dans ſa jeuneſſe, étant obligé de rendre une viſite de devoir à la campagne, la faiſant à pied, faute de moyens de la faire plus commodément, à ſon retour, ſe ſentant las & fatigué, il vola un cheval qu'il apperçut dans une prairie pour ſe mettre en état de continuer ſa route. Lorſqu'on imprime un menſonge, il faut qu'il ait quelque apparence de vérité, ſans quoi on paſſe pour impoſteur.

Pour juger de la capacité d'un homme d'Etat , il faut mettre ſon adminiſtration à côté de celle des grands génies qui ſe ſont diſtingués dans la ſcience du gouvernement, comme on compare les talens d'un artiſte à ceux d'un autre artiſte. C'eſt en rapprochant Raphaël des autres Peintres , qu'on découvre ſa ſupériorité , non - ſeulement par l'invention , non-ſeulement par le deſſin , non-ſeulement par le coloris & le clair obſcur , mais encore par cet enſemble qui fait le grand Peintre : ainſi c'eſt l'enſemble des talens d'un homme d'Etat qui fait le grand Miniſtre.

Ceux qui liront l'hiſtoire des principaux Agens des Couronnes de nos temps modernes , trouveront que chacun a eu une ſorte de génie particulier qui l'a diſtingué des autres dans l'adminiſtration. Ainſi Sully en France réforma les abus qui s'étoient introduits dans les finances ; Richelieu diminua le pouvoir des Grands ; Colbert ranima l'induſtrie ; Alberony s'acquit une haute réputation en Eſpagne par un grand

projet, & Pitt en Angleterre par d'excellens plans sur l'Amérique : mais il n'appartient qu'à un grand homme d'avoir ce
génie universel qui embrasse à la fois toutes
les parties du gouvernement.

Il faut juger des Ministres par ce qu'ils
ont fait, & non par ce qu'on en dit. Les
paroles ne font que des sons qui se perdent
dans les airs. C'est des monumens qu'ils
laissent après eux, que dépend leur réputation ou leur gloire. L'imagination est
effrayée en voyant combien de coups d'Etat
celui-ci a frappés : combien d'établissemens
il a formés ; combien d'abus il a réformés ;
combien de vices d'administration il a cor-
rigés , &c.

En prenant les rênes de l'Empire , le
Marquis de Pombal traite avec toutes les
Cours ; il négocie avec tous les cabinets;
il fait déjà sentir aux Rois d'Europe que
le Portugal va redevenir Puissance ; que
les âges font consommés ; que les temps
des grandes fautes d'Etat font passés ; qu'il
y a un Ministre éclairé qui veille sur la

Monarchie. Il rétablit la difcipline militaire que les régnes précédens ont laiffé affoiblir. Une nouvelle promotion dont il eft le Promoteur donne des Officiers & des Soldats au Portugal qu'il n'avoit point auparavant. Bientôt il y a une bonne armée au lieu d'une mauvaife troupe. Après avoir établi le gouvernement politique, il paffe à l'état économique. La nation manque de fubfiftance ; il lui en procure une en encourageant l'agriculture. Il change les vignes en champs, ce qui donne à la fois du pain & du vin. A la fuite de l'être phyfique, il porte fes regards fur l'homme moral : il éteint, ou du moins il diminue la fuperftition, en mettant des bornes à l'Inquifition, dont il abolit l'*Auto-da-fé :* fpectacle auffi trifte qu'humiliant. Il éteint la haine qu'il y a entre les anciens & les nouveaux chrétiens. Il abroge les lois inutiles, & en crée de néceffaires. Il diminue le pouvoir des Grands ; il rétablit la fubordination ; il régle la police intérieure ; il augmente les finances en prévenant la fortie de l'or; il veille fur les arts; il vivifie le commerce; il ajoute de nouvelles branches à l'induſtrie nationale; il établit les manufactures.

De l'Europe, il porte ſes vues ſur le nouveau monde; il encourage la navigation; il augmente les denrées du Bréſil; il régle ſon adminiſtration; il veille ſur ſes Officiers; il prévient leur malverſation, &c. &c.

Lisbonne eſt engloutie par un tremblement de terre; il la retire de l'abîme où ce phénomène l'a plongée. Il rétablit l'ordre au milieu du trouble & de la confuſion. Il forme une nouvelle adminiſtration; il contient les malfaiteurs; il punit les brigands. Il bâtit une ville ſuperbe ſur les décombres de l'ancienne.

Il arrête la ſédition de la ville de Porto. Il punit les coupables, & fait rentrer chacun dans le devoir.

Il découvre la conjuration contre le Roi: il établit un Tribunal pour punir les criminels: il fait arrêter tous ceux qui ont eu part au crime de lèze-Majesté.

Il bannit les Jésuites du Portugal, & bientôt de l'Europe entière; il ose ce que les plus grands Potentats n'ont pas osé. Il les accuse au tribunal des Rois; il plaide lui-même contre eux, & gagne un grand procès.

Il s'oppose aux vues & aux desseins de l'Espagne; il lui déclare la guerre; fait un traité avec l'Angleterre, unit sa puissance à la sienne, répare les places du Royaume, met les principales Provinces en sûreté, tient tête à l'ennemi, casse le Régiment Royal étranger qui s'est rendu coupable de malversation, dégrade tous les soldats, fait mourir le Colonel; crée de nouveaux réglemens de commerce; diminue le nombre des Prêtres & des Moines; fait restituer les biens usurpés sur la Couronne; pose des limites au pouvoir de Rome; régle la jurisdiction du Nonce apostolique; réforme l'Université de Coïmbre, change l'ordre de ses Ecoles, établit des Maîtres dans toutes les villes du Royaume;

fait conſtruire un canal pour faciliter la communication des Provinces, établit des foires, les fait fleurir; rétablit les affaires dans les Indes; ſupprime les Tribunaux inutiles à Goa; protége les débiteurs inſolvables; déclare le commerce du tabac libre; établit une Académie de commerce; fait des élèves; traite de la paix avec le Roi de Maroc pour rendre libre la navigation d'Afrique, &c. &c.

L'Agent d'une Couronne qui, dans moins de quatre luſtres, fait tant de choſes, eſt homme d'Etat; ceux des autres Cours ne font que Miniſtres, du moins l'Hiſtoire ne nous dit point qu'aucun homme en place ait frappé tant de grands coups en auſſi peu de temps.

Pendant vingt - deux ans que dure le régne de Joſeph I, le Portugal n'a d'autre Miniſtre que le Marquis de Pombal. Tous ceux qui font occupés aux autres branches de l'adminiſtration font plutôt les Secrétaires de ſon cabinet, que les Miniſtres de l'Etat; ils lui rendent compte

de leur travail qu'ils dirigent fur fes principes.

Après les premières fatyres, l'Ex-Jéfuite
accufe le Marquis de Pombal de péculat.
Il lui reproche fes richéffes. Selon lui, elles
font énormes. En effet, elles auroient pu
l'être, fi ce grand citoyen n'avoit eu autant de générofité dans le caractère, que
de défintéreffement dans l'ame. Tous les
revenus de l'Etat font en or. Le Miniftre
du Portugal eft placé à la porte du temple
de la Fortune, dont il a la clef. Malgré
cette facilité à accumuler un grand tréfor,
il s'en faut beaucoup qu'on ait pu comparer fes richeffes à celles des autres Miniftres de l'Europe qui, comme lui, ont
dirigé les finances royales. On connoît
l'opulence d'Olivarez; on fait la fortune
de Mazarin. Il n'y a perfonne qui, ayant
lu le fiécle de Louis XIV, ne fache que
Fouquet, Surintendant des Finances, donna une fête à ce Prince qui, y compris
l'édifice & les jardins enchanteurs du palais où il la donnoit, coûta trente-fix mil-

lions. Il est vrai que Fouquet fut arrêté,
& mourut en prison; mais d'autres qui
l'ont imité, sont morts dans leur lit.

Voici une anecdote concernant la fortune de ce Ministre, qui va étonner l'Europe. Le Marquis de Pombal est mort en-
detté d'une somme assez considérable,
pour servir de monument à son désinté-
ressement. Ce premier Agent du Roi qui
a les mines d'or les plus abondantes, &
dont on a tant vanté l'opulence, n'a laissé
à son fils ainé que trois cents mille livres
tournois de rente, ses dettes payées. On
compte en Europe plusieurs Commis de
Bureaux de finances, qui en ont laissé
davantage à leurs héritiers.

Outre l'Ex-Jésuite, il y a eu deux autres Auteurs qui ont écrit sur cette grande
révolution. Le premier a publié l'état ancien & moderne de ce Royaume; & le
second a donné des lettres écrites de Portugal. Mais l'un & l'autre ont manqué leur
plan : celui-là n'est point instruit de la monarchie dont il parle; & celui-ci ne con-

noît pas le Miniſtre contre lequel il écrit. L'exactitude manque à l'un & à l'autre : ils ne donnent du Portugal que des morceaux détachés & mal couſus. D'ailleurs la plupart des anecdotes qu'ils citent ſont fauſſes ; & ce n'eſt que la vérité ſeule qui puiſſe donner du crédit aux révolutions particulières des Etats, qu'on peut regarder comme des piéces détachées de l'Hiſtoire univerſelle.

Pour réſumer, le Marquis de Pombal eut beaucoup d'ennemis, cela a toujours été le ſort des grands Miniſtres, ſur-tout de ceux qui, frappés des abus qu'ils ont découverts, en prenant les rênes du Gouvernement, ont voulu faire de grands changemens. Voilà ce qui a donné lieu à ces écrits ſatyriques qui ont paru ſur cet homme d'Etat.

Cependant il faut jetter un coup-d'œil rapide ſur les cauſes ſecondes qui firent ſortir le Portugal de ſon état naturel, afin de ſavoir comment le plus foible Royaume de l'Europe devint le plus puiſſant de

l'empire du monde. Ce tableau eſt néceſ-
faire pour ſe former une idée du peuple
Portugais & du génie du Marquis de Pombal qui le gouverna long - temps après.
C'eſt par le théâtre qu'on connoît l'acteur.

ADMINISTRATION

L'ADMINISTRATION
DU MARQUIS
DE POMBAL

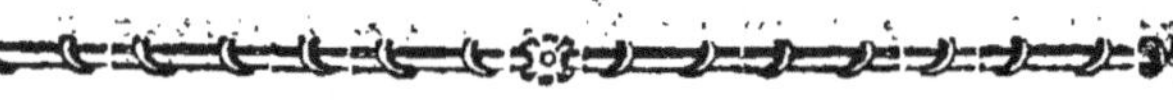

CHAPITRE PREMIER.
LIVRE PREMIER.

De l'ancien Gouvernement de Portugal,
& de la sagesse de ses loix.

LE Portugal connu anciennement sous
le nom de Lusitanie, eut le sort de tous
les Etats du monde qui subirent le joug de
cette Puissance suprême qui envahit l'univers. Après la décadence de l'Empire Romain, ce peuple passa successivement sous
la domination des Goths & des Maures ;
mais les Lusitaniens, qu'on appella depuis

Tome I.   C

Portugais, les subjuguèrent à leur tour ; non-seulement ils reprirent leur liberté, mais même ils donnèrent des chaînes à ceux qui les leur avoient fait porter. Il arrive rarement qu'une nation qui n'est pas adonnée aux armes par sa constitution, devienne militaire par état. D'où lui vint donc cette énergie ? Le voici : Les Portugais qui combattirent les Africains pendant plus d'un siécle, apprirent d'eux à faire la guerre : régle générale ; un peuple qui se bat cent ans de suite, acquiert les vertus qui menent à la victoire : mais les Portugais n'étoient que soldats, ils avoient besoin d'être citoyens, & leurs Rois leur apprirent à le devenir.

Cette Monarchie avoit alors des Etats nationaux qui s'assembloient pour délibérer sur les affaires de la nation. De toutes les constitutions monarchiques, c'est la seule qui puisse délivrer l'Etat de cette tyrannie attachée au gouvernement d'un seul. Lorsque plusieurs dirigent un Empire, il est mieux administré que lorsqu'un homme l'administre.

Alphonse, après la prife de Lisbonne, donna une conftitution au Portugal ; les loix qu'il y établit font admirables : elles portent l'empreinte du grand. Dans l'établiffement des Sociétés politiques, tout dépend des commencemens. Les premiètes maximes font celles qui reftent le plus long-temps gravées dans la mémoire des hommes. Par celles-ci, les vertus des ancêtres ne donnoient aucun rang, & ne formoient aucun titre. Un héros une fois defcendu dans le tombeau, n'étoit plus qu'un cadavre ; les morts n'avoient aucune influence fur les vivans. Les généalogies étoient comptées pour rien ; on n'acquéroit la nobleffe que par des fervices rendus à la guerre ; pour devenir Gentilhomme, il falloit avoir tué dans une bataille le Général de l'ennemi, ou au moins fon Aide-de-camp. On ne donnoit le nom de Capitaine, qu'à ceux qui s'étoient diftingués à l'armée par plufieurs actions d'éclat. Il ne fuffifoit pas d'avoir fervi le Prince, il falloit encore avoir fervi l'Etat.

Un Noble qui perdoit le respect au sexe devenoit roturier. Le faux témoignage passoit pour un grand délit. Celui qui mentoit devant le Roi étoit puni de mort. Il suffiroit aujourd'hui d'une telle loi , pour dépeupler de Courtisans toutes les Cours de l'Europe. Cette constitution auroit rendu le Portugal heureux , si les gouvernemens , c'est-à-dire , les hommes, pouvoient l'être.

Cependant ce Royaume , qui étoit d'une petite étendue , & assez mal peuplé , ne pouvoit prétendre à un premier rôle sur le théâtre de l'Europe ; il lui eût fallu forcer toutes les barrières qui s'opposoient à son élévation.

L'Espagne , son ennemie naturelle , sans avoir une grande armée , avoit une grande puissance. Son infanterie étoit la meilleure du monde. Et on sait qu'à la guerre , c'est de celle-ci que dépend le sort des batailles. Quelque bien disciplinée que soit la cavalerie , elle annonce de la foiblesse dans l'état militaire. D'ailleurs la domination de cette Couronne étoit plus étendue, & sa population plus nombreuse : deux avantages, qui, toutes choses égales d'ailleurs, donnent la supériorité à un Etat sur un autre.

D'un autre côté, les Espagnols auroient mieux aimé finir leur existence, que d'exister sous la domination des Portugais. Une haine invétérée régnoit entre les deux nations. Elles ne pouvoient pas se souffrir. Il est inouï de voir de telles antipathies entre des êtres intelligens. On n'en remarque point de semblables chez les animaux de la même espèce. Si leurs besoins mutuels ne leur permettent point l'hospitalité, du moins, ils ne contractent point entr'eux de ces aversions insurmontables. La différence des climats n'en met point dans leur tempérament. Les lions du Nord de l'Afrique, ne montrent point de rage contre ceux du Midi. En vérité, la plupart des hommes font pitié. Les passions les ravalent au-dessous des brutes.

Tous les autres Etats qui confinoient

à l'Eſpagne, étoient dans un état de force relative ſupérieure à celle du Portugal.

L'Italie ſeule ſe trouvoit ſans puiſſance; mais elle étoit environnée de grandes nations, qu'il eût fallu vaincre pour arriver juſqu'à elle. D'ailleurs les Ducs de Savoie qui étoient les gardiens des Alpes, n'en ouvroient la porte qu'à ceux qui étoient aſſez puiſſans pour acheter leur alliance.

Il devoit donc arriver de deux choſes l'une, ou que le Portugal reſteroit une pauvre & petite Monarchie, ou qu'il étendroit ſa domination par l'Océan, le ſeul théâtre qui lui reſtoit pour s'agrandir.

Il s'étoit répandu un bruit en Europe, qu'il devoit y avoir un chemin plus court pour arriver aux Indes, que celui qu'on avoit tenu juſqu'alors. Cette idée avoit échauffé tous les eſprits. Un Prince Portugais entreprit lui ſeul ce qu'aucun Souverain n'avoit oſé entreprendre. Il envoya faire cette découverte. Il n'y avoit alors d'autre aftronomie en Europe , que celle que les Arabes y avoient laiffée. Elle étoit très-imparfaite. On ne connoiffoit pas la géométrie qui a fervi depuis à mefurer les grands corps dont l'influence s'étend juf-qu'à la navigation. La bouffole étoit déjà connue ; mais on ne l'avoit pas encore fait fervir à l'ufage auquel on l'a employée depuis. C'eft à la curiofité que nous devons tous les établiffemens qui ont changé plufieurs fois la face du monde.

Il arriva alors une chofe qui prouve que la maltote eft auffi ancienne que les Gouvernemens , & que de tous temps la finance a précédé la gloire des armes. On afferma les profits qu'on devoit faire fur la navigation de la Guinée : c'étoit commencer par où on auroit dû finir. Lorfque l'avarice entre dans le commerce , elle en corrompt tous les principes.

Les vaiffeaux Portugais doublèrent le cap qui eft à l'extrémité de l'Afrique. La Cour de Lisbonne qui prévit qu'on pourroit s'ouvrir par là le paſſage aux Indes, l'appella *Cap de Bonne-Eſpérance*: je ne ſçais pas, s'il n'auroit pas mieux valu lui donner un autre nom.

Vaſco de Gama arriva dans cette partie de l'Aſie, après des riſques, des peines & des travaux que l'avarice ſeule eſt capable de ſurmonter.

CHAPITRE II.

Du paſſage des Portugais aux Indes.

LE paſſage des Portugais aux Indes par le Cap de Bonne - Eſpérance, eſt un des grands événemens de notre monde. Cette découverte, en rapprochant les parties les plus éloignées du globe, a cauſé une révolution générale dans le génie, les arts, le commerce, l'induſtrie des nations.

Les annales de l'univers nous parlent bien des peuples qui ſe ſont rapprochés par des intérêts reſpectifs, & des conqué-rans, qui, après avoir envahi de vaſtes Etats, les ont réunis ſous un ſeul & même Gouvernement; mais elles ne nous diſent point que dans aucun âge les continens les plus éloignés de la terre ſe ſoient unis par des beſoins reſpectifs dont un ſiécle auparavant on n'avoit aucune idée : cette révolution unique arrivée une ſeule fois

fur la terre, étoit réſervée à nos temps
modernes.

Pour l'ordinaire, le paſſage d'un continent à l'autre fait naître des regrets. On
craint en partant, de ne pas être aſſez in-
demniſé de ce qu'on quitte : cette émigra-
tion promit aux Européens les plus grands
avantages. Aucun pays de l'univers ne peut
être comparé à celui des Indes. Un ciel
heureux, un climat abondant, une terre
fertile, remplie de productions de tous
les goûts & de tous les genres : voilà ſon
tableau phyſique le plus ſéduiſant que jamais la nature ait offert aux mortels. Son
commerce procura à toutes les nations de
nouvelles jouiſſances, par les échanges
qu'on fit de la main d'œuvre Européenne
avec les premières matières des Indes.
L'Europe ne tarda pas à jouir de grands
avantages. En effet, on y eut plus de richeſſes, par conſéquent plus de commodités, plus d'aiſes, plus d'opulence. Comme la fortune des particuliers influe toujours
fur celle de l'Etat, les Rois acquirent plus

de puiſſance, parce qu'ils eurent plus de moyens.

On alla continuellement aux Indes, & on en rapporta toujours de nouveaux tréſors. Cet événement eût fait le bonheur du monde, ſi les qualités économiques qui forment la baſe de l'état civil, s'étoient accordées avec les vertus morales qui doivent ſervir de fondement au Gouvernement politique. Mais la ſaine philoſophie y découvrit un vice qui tiroit ſa ſource de la corruption générale des mœurs. En effet, ſi les hommes avoient conſervé leur première ſimplicité, en un mot, s'ils n'euſſent méconnu la main généreuſe de la nature, qui diſtribue abondamment ſes dons par-tout où elle fait naître des individus, ils n'euſſent point été chercher à ſix mille lieues de leur patrie ce qui ſe trouvoit au milieu d'elle.

Le goût pour le luxe, le deſir de faire fortune, les richeſſes, l'or, ce métal funeſte qui a rempli la terre de crimes : voilà la découverte des Indes. *Ne vaudroit-il pas mieux*, dit un Philoſophe moderne, *que les nations fuſſent demeurées ſédentaires, iſolées, ignorantes, hoſpitalières, que de s'être empoiſonnées de la plus féroce de toutes les paſſions?* Oui, ſans doute, qu'il l'eût mieux valu. Rien n'eût fait plus d'honneur à la raiſon humaine, aux mœurs, à la Religion Chrétienne, que de s'être oppoſé à un établiſſement qui devoit faire naître tant de vices, & être la cauſe de tant de maux. Mais le ſiécle étoit trop peu avancé, & la morale trop foible, pour réſiſter à la force de l'or; & comment eût-elle produit cet effet alors, puiſqu'elle ne le produit pas maintenant, où la Philoſophie eſt plus éclairée, & la lumière naturelle plus vive qu'elle ne le fut jamais. Il faudroit bien des affaires pour faire entendre aujourd'hui à notre ſiécle, que la communication avec les nouveaux mondes eſt une ſource de viciſſitudes, de peines, de ſoins, de maladies; qu'elle dépeuple les Etats; qu'elle dégarnit les continens; que

fon commerce eft précaire ; que fes richeffes n'ont d'autre effet que d'appauvrir l'Europe. Un Philofophe qui voudroit , dans un ouvrage , renverfer cet
édifice d'avarice & de cupidité , feroit
l'objet de la dérifion publique. Les Miniftres le regarderoient comme un vifion-
naire qui ne connoît pas la politique ; le
Confeil des Rois comme un ignorant qui
ignore l'économie-pratique ; & les gens à
argent , comme un homme qui n'entend
pas le fyftême des finances.

Cette grande révolution tira fa fource
du commerce qui tient à une antiquité très-
reculée ; il faut en rapprocher les époques,
pour les préfenter au Lecteur fous un feul
point de vue ; cette efquiffe eft néceffaire
au fujet que je traite.

CHAPITRE III.

Du commerce des Indes. De son origine & de ses progrès relativement aux différentes nations.

Ceux qui connoissent l'histoire économique de la république universelle du monde, savent que les Phéniciens furent les premiers qui portèrent aux nations étrangères les genres qui leur manquoient pour les échanger contre ceux dont ils étoient privés. On ignore les progrès de leur navigation, ainsi que ceux de leur population ; on conjecture que l'une & l'autre étoient considérables. C'est souvent le parti qu'il faut prendre dans l'histoire ancienne, sur-tout lorsque les annales ne s'accordent pas sur les faits.

On connoît mieux le commerce de Tyr, qu'on sait avoir été immense. Mais il est triste d'apprendre par l'histoire des arts, que cette ville n'augmenta sa puissance par la navigation, que, pour la voir tomber de plus haut. Les richesses corrompirent ses mœurs, ce qui la conduisit à l'anarchie, état plus triste que celui de la pauvreté.

Carthage qui parvint à la grandeur par le commerce, fit un meilleur usage du produit de son industrie. Elle forma une grande République, dont la réputation s'étendit dans tout l'univers : mais obligée de devenir militaire pour se défendre contre les Romains, elle perdit l'Empire.

Rome n'encouragea pas le commerce; elle regarda les arts comme incompatibles avec l'esprit de conquête. Le respect qu'elle imprima à la terre, tira sa source de son amour pour la gloire, & non pas de son goût pour les richesses.

Athènes marchande & militaire tout-à-la fois, se rendit supérieure aux autres États par son commerce & par ses armes : elle attira auprès d'elle tous les arts qui procurèrent les richesses ; car la pauvreté commençoit à n'être plus une vertu chez les Grecs. On voit par les monumens qui nous restent, que ce peuple entendoit mieux le commerce que nous, qui avons mis tant de siécles à le perfectionner. Nous devons cette infériorité à la foiblesse de nos Gouvernemens, qui ne laissent pas assez d'énergie à l'esprit pour le porter au grand. Quelques soient nos lumières depuis le renouvellement des lettres; quelque progrès que nous ayions fait dans la philosophie, nous ne parviendrons jamais à cette supériorité de génie des Grecs : telle est la fatalité de nos constitutions modérnes, que nous ne pouvons remédier aux abus qui en résultent, que par d'autres abus qui sont encore plus grands.

A peine les arts étoient-ils formés en Europe, que les Barbares parurent, & les détruisirent. Dans cette défection générale, l'agriculture dégénéra, & la main-d'œuvre périt, faute de cette émulation qui en est le soutien. Les Etats se séparèrent ; il n'y eut plus de communication entre les nations.

Si

Si elles se rapprochèrent quelquefois, ce fut pour se donner des batailles : ce qui étoit pire qu'une séparation totale.

Au milieu de cette pauvreté générale, quelques Auteurs ont écrit que le septième siécle possédoit de grandes richesses, sans nous dire d'où il les avoit puisées. Ce qui leur a fait prendre le change sur cette prétendue opulence, c'est qu'on vit s'élever de vastes édifices ; mais il ne falloit point de trésors pour faire travailler des esclaves sans paye, & rassembler des pierres sans goût. Il y avoit alors si peu d'argent en Europe, que tous les impôts & toutes les contributions se payoient en denrées ; ce qui est une preuve certaine du défaut de numéraire.

Tout languissoit dans les arts lorsque Charlemagne parut. Ce Prince qui savoit que la puissance politique tire sa source de l'économie, institua les foires ; elles étoient nécessaires pour rapprocher les hommes. Le peu de liaisons qu'il y avoit alors entre eux, les empêchoit de se communiquer

leurs befoins, leurs goûts & leurs fantai-
fies, qu'on peut regarder comme les premiers élémens du commerce.

Mais les foires ne faifoient qu'augmenter la circulation, fans multiplier les richeffes. Les Marchands qui les tenoient
étoient obligés de jouer la comédie pour
y attirer des chalans. Les Papes excom-
munièrent quelquefois ces nouveaux hif-
trions ; ce qui n'eut d'autre effet que de
donner plus de crédit à leur piéce, c'eft-
à-dire favorifer la vente de leurs marchandifes.

Les Juifs qui de tout temps dégradèrent
les profeffions qu'ils exercèrent, avilirent
le négoce, dès qu'ils l'eurent embraffé. Ils
prêtèrent l'argent à ufure : c'étoit commencer le commerce par où le finiffent
les malhonnêtes gens. Le Clergé condam-
na cette pratique ; il prononça contre eux
des peines afflictives. Cette fentence eut
des fuites terribles. Juques-là, les richeffes
particulières de chaque nation ne pouvoient pas fortir de l'Etat principal. Dans

ces tems-là, les biens étoient aussi esclaves que les corps. Ce fut alors que les
Juifs inventèrent les lettres-de-change,
qui firent des richesses particulières un bien
mobilier qui appartenoit à l'univers entier.

Le Nord, qui jusques-là avoit été simple spectateur du commerce, y prit part.
Hambourg & Lubek parurent les premiers
sur la scène commerçante ; & bientôt qua-
tre-vingt villes suivirent leur exemple. Ces
villes formèrent une confédération jusqu'a-
lors inconnue à l'Europe, & qui a servi
de modèle depuis à toutes celles qui se font
établies.

La Flandre avoit des manufactures de
laine qui étoient aussi parfaites qu'elles
pouvoient l'être, dans un âge où la main-
d'œuvre n'étoit qu'ébauchée. L'agriculture
y étoit encore en meilleur état que l'industrie : les habitans vivoient dans l'a-
bondance, qui est la première richesse
d'un Etat ; cette prospérité tiroit sa source de la liberté, qui entraîne toujours

après elle l'aifance, fille de l'opulence.

Dans les Monarchies de ces temps-là, tous les fujets étoient cerfs, excepté les Prêtres & les Nobles : les Rois les affranchirent. Ces efclaves devenus citoyens s'opposèrent au defpotifme des Seigneurs, qui étoient autant de tyrans. Alors l'anarchie féodale s'affoiblit un peu : on forma un Tiers-Etat, qui fut admis à l'Affemblée nationale ; il s'en falloit bien qu'il fût auffi légalement établi qu'il l'a été depuis ; mais c'étoit beaucoup, que de détacher une pierre du defpotifme, & que ce fût les Rois qui permiffent qu'on la détachât. C'eft une juftice qu'on doit leur rendre, qu'ils allèrent eux-mêmes au-devant de la liberté qu'on leur a fouvent reproché d'avoir voulu détruire.

Tandis que la plupart des nations Européennes ne connoiffoient prefque point les arts ni la navigation, les Arabes jettèrent les fondemens d'un grand commerce. On trouve dans le caractère de ces peuples la caufe de cette activité qui les diftinguoit alors de toutes les nations de l'univers. Naturellement fobres & adonnés au travail, ils avoient l'avantage fur ceux que la molleffe & l'oifiveté jettent dans l'inaction. Avec un efprit peu cultivé, ils avoient ce génie d'ambition qui fupplée à tout dans le commerce, où il fuffit d'avoir un but, fans s'en écarter, pour réuffir. Les pays immenfes qu'ils poffédoient leur donnoient des moyens que les petits Etats n'avoient pas. Ils s'étoient fait les Marchands des trois parties du monde les plus commerçantes. Ils trafiquoient en Afie, en Afrique & en Perfe; contrées abondantes dans tous les genres, & qui contribuoient à les enrichir.

L'Italie qui s'étoit agrandie par les armes, voulut s'élever par les arts. Il n'étoit plus queftion de Rome, fa puiffance politique étoit anéantie. Pife, Genes, Florence faifoient un grand commerce; mais Venife les furpaffoit. Cette République puiffante & induftrieufe étoit alors le premier magafin du monde commerçant. La force de fa marine rendoit immobiles les frontières des Turcs.

D'ailleurs , Venife avoit des fabriques riches qui annonçoient des lumières anté- rieures dans la manutention. On y fabri- quoit des étoffes d'or & d'argent. Son or- févrerie paffoit pour la plus belle du mon- de ; ce qui fuppofe que les autres arts étoient bien avancés ; car lorfque ceux de luxe ont acquis une perfection, les autres font déjà parfaits. C'eft la feule fociété po- litique du monde Chrétien qui dans les temps d'ignorance où le Clergé dominoit, ait échappé au defpotifme des Pontifes. Dans les difputes qui s'élevoient à la Cour de Rome , les Sénateurs Vénitiens répon- doient à fes Nonces : *Siamo Veniziani, poi Chriftiani* !

Cette République étoit riche. S. Marc étoit le premier financier de l'Europe. Ce Saint avoit un tréfor , dont Venife n'a con- fervé que le nom. Afin de fournir aux charges publiques , fans diminuer fes re- venus , elle vendoit la nobleffe à ceux qui,

fans ancêtres, avoient le moyen de l'acheter. C'eft le premier Etat de l'Europe qui,
pour de l'argent, ait placé la roture à côté
du trône. Dans les Gouvernemens monarchiques, où tout fe vend, on peut bien
devenir Noble, mais on ne devient pas
Gentilhomme. La Nobleffe Vénitienne
étoit alors ce qu'elle eft aujourd'hui, préfomptueufe, ignorante, fiere, rampante,
fomptueufe & econome, prodigue & avare.
Les courtifannes feules pouvoient lui faire
donner de l'argent; & il n'y a guere qu'elles maintenant qui lui en faffent débourfer:
ce qui n'empêchoit pas que l'Etat ne fût
bien gouverné; car dans les Républiques
bien conftituées, les vices perfonnels de
ceux qui les dirigent, reftent en deçà de
la conftitution.

L'Efpagne qui avoit fecoué le joug des
Maures, redevenoit Puiffance. Elle devoit
fa nouvelle grandeur à la conquête de
Grenade; mais plus encore au mariage de
Ferdinand avec Ifabelle, dont l'union
avoit réuni les plus belles Provinces de

D 4

cet Empire, qui en avoient été long-temps démembrées. L'induſtrie & les arts avoient fait des progrès. L'atelier de Ségovie étoit le premier du monde. On y fabriquoit des draps d'une qualité ſupérieure, qui ſe vendoient aux premières nations de l'Europe. D'ailleurs le peuple Eſpagnol étoit fier, orgueilleux, rempli de préjugés : il avoit la vanité de croire qu'il étoit ſupérieur en ſavoir à toutes les autres nations de l'univers, ce qui le rendoit inférieur à celles qui étoient le moins éclairées. La préſomption eſt un vice de l'eſprit qui tient l'homme dans un état d'ignorance.

La confuſion qui régnoit dans tous les autres Etats ne faiſoit pas eſpérer qu'ils ſe diſtinguaſſent dans les arts, & encore moins dans le commerce. Par-tout, le Gouvernement féodal avoit éteint l'émulation. En France Louis XI affoiblit les grands fiefs, donna de l'autorité à la Magiſtrature, & fit reſpecter les loix à la Nobleſſe. Voilà les beaux jours de ce Monarque : c'étoit autant d'entraves qu'il ôtoit à l'induftrie ; mais il y avoit encore bien loin de-là à un commerce floriffant. La Nobleffe de ce Royaume étoit dans un état naturel de guerre avec le Roi : chaque Baron tenoit à fa fuite une armée de Gentilshommes prête à fe battre au premier fignal. En attendant d'entrer en campagne, on paffoit la vie à la chaffe, à table, & dans cette débauche crapuleufe qui abrutit l'ame, & ne laiffe d'autre faculté à l'efprit, que celle d'exciter des troubles & des divifions : c'eft que les loix de ce temps-là ne s'accordoient pas avec les mœurs, & qu'il eût fallu refondre la conftitution pour la rétablir : chofe impraticable dans les temps d'anarchie.

Les Papes & les Empereurs tenoient l'Allemagne dans une forte d'érat de guerre. Ce n'eft pas que les defcendans de faint Pierre fuffent militaires ; mais les fucceffeurs des Céfars l'étoient. Les Pontifes qui ne favoient pas manier l'épée employoient l'intrigue, toujours plus dangereufe que le canon. Il eft vrai qu'on ne donnoit pas souvent des batailles, mais on étoit toujours prêt à se battre. Cet état des choses tenoit l'Europe chrétienne dans le trouble & la confusion. Le flegme allemand influoit beaucoup sur la tranquillité publique. Ce peuple avoit un grand avantage pour prévenir la guerre; c'est qu'il étoit pauvre. On ne cherche point dispute à ceux qui n'ont d'autre richesse que celle de leur travail. En général, l'Allemagne étoit bien gouvernée, c'est qu'elle étoit dirigée en petit Etats qui cherchoient à se surpasser les uns les autres par la sagesse de leurs loix & de leurs réglemens. Si cette partie du monde avoit formé un seul Empire, elle n'eût eu qu'un Maître & des esclaves; car tel est le sort des vastes dominations, qui finissent toutes par être despotiques. On n'avoit point encore découvert les mines d'où on tire ces métaux qui commencent par enrichir les Etats, & finissent par les appauvrir. L'argent étoit rare: ce qui prouve que toutes les denrées étoient communes; c'est-à-dire que les peuples vivoient dans l'abondance au milieu de leur pauvreté.

Il n'y avoit point de caiffe militaire dans les armées. Les hommes alloient à la guerre par un principe de gloire, & non d'intérêt. On n'avoit point encore imaginé d'acheter le courage, qui par lui-même n'a point de prix : régle générale, par-tout où on paie les foldats pour fe battre, il n'y a point de bravoure. Il eft vrai qu'on va de nos jours à l'ennemi & qu'on fe fait tuer; mais c'eft plutôt par ftupidité que par valeur.

Le fond du Nord étoit encore barbare. Les Gouvernemens de cette partie du monde n'avoient pas encore reçu les loix qui devoient les faire refpecter un jour des autres nations. Les trois Puiffances qui y dominoient étoient fi foibles, que la plus petite Cour du midi de l'Europe pouvoit ébranler leur trône. Mais lorfque les Guftave, les Vaza eurent encouragé l'art militaire, & fait eux-mêmes des prodiges de valeur, les Etats de cette partie du monde, qui n'avoient point de pouvoir, devinrent des Puiſſances.

Le Turc affoibli par ſes propres victoires, avoit beaucoup dégénéré. La force de l'Empire étoit dans les Janiſſaires, qui l'employoient ſouvent à faire mourir leurs Maîtres, ou à diſpoſer de leur diadême. Dans leur première énergie, ils avoient renverſé l'Empire des Grecs, & en avoient réduit les ſujets dans la ſervitude. Cette première révolution en avoit cauſé une ſeconde dans les arts libéraux. Les Philoſophes, les Savans & les Gens de lettres qui ne vouloient point vivre ſous le joug des Sultans, s'enfuirent en Italie, & Conſtantinople n'eut plus que des Turcs. Rome & Florence les reçurent à bras ouverts. Cet âge fut celui des lettres. L'Imprimerie qui y fleuriſſoit alors, mit les livres dans les mains de tout le monde. La lecture des anciens fit naître la vraie philoſophie ; mais ce ne fut que dans cette belle partie du monde, que les ſciences fleurirent : le reſte de l'Europe étoit barbare.

Les Papes & les Médicis les protégèrent.
Ce n'étoit plus cette Rome qui vouloit
dominer par l'ignorance : le Vatican éclairé, avoit appris que le génie & le savoir
font les deux premiers ressorts de la puissance politique, & que la véritable grandeur est celle qui répand des lumières sur
tout ce qui l'environne. Rien n'encourage
plus les arts que la bienveillance des Princes ; leur protection excite l'émulation.

Le Sacerdoce imprime toujours son caractère au Gouvernement civil. Rome n'eut
pas plutôt encouragé les arts, que l'Europe fut remplie d'Artistes. Dès-lors chaque Nation, chaque Etat, chaque Société
se porta au commerce & à la navigation,
parce que l'amour des richesses s'empara
de tous les cœurs. Voilà quel étoit l'état de
l'Europe, lorsque le Prince Henri, fils de
Jean Roi de Portugal, dont nous avons
déjà parlé, jetta les yeux sur l'univers, pour
en étendre les limites.

Cependant il faut nous arrêter un moment sur cette partie du monde qui passa

fous la domination du Portugal. Affez de Naturaliftes nous ont parlé de la douceur du climat des Indes, & de la beauté de fon ciel, ainfi que de la richeffe de fes productions; mais on s'eft borné à la partie phyfique, fans nous rien dire de la politique, d'où dépend néanmoins la puiffance ou la foibleffe des Empires. Ceci demande qu'on y réfléchiffe, fans quoi on verroit de grands événemens fans en connoître les caufes, ce qui mettroit une telle confufion dans les annales, qu'on perdroit le fil de l'Hiftoire. L'Europe qu'on peut regarder comme la partie du monde la plus éclairée, a fes grandes époques divifées par fiécles. Il n'en eft pas de même de l'Afie, fur-tout de l'Indouftan, dont les événemens fe font perdus dans la nuit obfcure du temps. Nous en allons ici raffembler quelques-uns pour les expofer aux yeux du Lecteur fous un point de vue hiftorique.

CHAPITRE IV.

De l'Etat politique des Indes, avant la découverte du Cap de Bonne-Espérance.

L ES Grecs, qui se laissoient dominer par une imagination vive & hardie, firent des Indes un champ inépuisable de belles fictions, & d'agréables chimères. Ils employèrent la fable, que l'on regarde comme une image de la vérité, mais qui n'en est que le mensonge. C'est le plus beau rêve qu'aient fait les Poëtes pour abuser de la crédulité des hommes. Lorsque pour connoître un peuple on a recours à Jupiter, à Bacchus, à Hercule & aux autres Dieux ou Héros fabuleux, c'est une preuve qu'on en ignore l'origine.

Lorsque les monumens manquent à l'Histoire, il faut avoir recours au physique. Le climat donne aux Indiens un caractère doux, humain, un tempérament frugal qui ne change point, parce que le ciel eſt toujours le même. Mais ce même phyſique leur refuſe la valeur, le courage, la hardieſſe & les autres qualités qui rendent les hommes propres à la guerre.

Alexandre n'eut qu'à ſe montrer dans l'Inde, pour en faire la conquête : il l'auroit aſſervie entiérement, ſi une mort prématurée n'eût fini ſes jours au fort de ſa gloire. Après la mort de cet uſurpateur Grec, ce peuple conduit par un Chef de la nation, reprit ſa liberté ; mais ce ne fut que pour paſſer ſous le joug de ſon libérateur, qui devint ſon tyran. Le régne de ce deſpote Indien nous eſt inconnu, ainſi que celui de ſa durée.

Dans peu, les Arabes parurent, & envahirent l'Inde ; mais c'étoit des Marchands qui cherchoient plus à s'enrichir, qu'à conquérir.

Trois ſiécles après, d'autres Barbares conduits par Mahmoud, attaquèrent l'Inde, mais toujours pour la piller.

Gengiskan, un des plus grands Capitaines

taines qui eût encore paru, en fit la conquête à la tête des Tartares. Il ne paroît
pas cependant que ce conquérant ait formé le deffein de s'établir dans cette partie
de l'Afie ; il femble que ce fut plutôt l'expédition d'un Prince qui veut montrer fa
puiffance, que celle d'un Capitaine qui veut
s'en fervir.

Les Patanes qui y dominèrent enfuite,
étoient, comme les Arabes, des Commerçans qui joignoient à l'amour du gain celui de la tranquillité politique. Auffi l'Inde
fut-elle heureufe fous leur domination.

Il femble que Tamerlan ne fe montra
dans l'Inde, que pour la ravager. Peut-être
qu'il avoit d'abord deffein d'en faire la conquête, & d'y fixer fon Empire ; mais fon
ambition lui ayant donné d'autres idées,
il tourna fes armes contre Bajazet qu'il dé-
trôna, & régna à fa place. Sa mort, qui
finit fes ufurpations, alluma la guerre
en Afie. Tous fes tréfors lui furent enlevés.
Il ne refta d'autres reffources à fon fuc-
ceffeur que les vertus militaires. Babar

(c'étoit le nom de ce dernier) fit la conquête entière des Indes , & fonda l'Empire
du Mogol , qui exiſte encore aujourd'hui.

Il ſemble que ce Prince prévit qu'il ne
pouvoit conſerver la domination ſuprême,
ſans changer la conſtitution fondamentale.
Il établit le Gouvernement militaire , qui,
en lui aſſurant le trône , devoit donner à
ſes ſujets les qualités propres à le défendre
des ennemis. L'hiſtoire de ce deſpote eſt
remarquable : il exigeoit que les tyrans qui
régneroient après lui fuſſent juſtes. C'étoit
vouloir une choſe contradictoire ; car quoique dans le cœur humain les vices ſe pla-
cent à côté des vertus , elles ne s'y con-
fondent point. Quelque bons réglemens
que faſſe un uſurpateur , ils ſentent toujours l'uſurpation. S'il en étoit autrement,
tout ſeroit confondu ; les crimes pourroient obtenir les récompenſes qui ne ſont
dues qu'à la vertu. Il vouloit que le Conſeil d'Etat ſe tînt dans la place publique,
croyant par-là rendre la délibération deſ-
potique plus équitable ; mais tout Prince

qui devient tyran, & qui par-là méprise la justice, ne craint point d'être injuste en public : cette publicité n'a d'autre effet que d'augmenter son audace. Un Conseil public n'est bon que dans la République, il ne convient pas dans l'Etat monarchique, & est entièrement incompatible avec le Gouvernement despotique. Ce qui prouvoit la servitude universelle du Gouvernement Mogol, c'est que la milice, qui dans tous les Etats est le soutien du trône, étoit elle-même esclave : c'étoit de ce corps qu'on tiroit les hommes d'Etat, dont les dévouemens au Prince étoient cimentés par la plus basse servitude. Lorsque ceux qui doivent entrer au Conseil du Prince n'ont point de vertus, l'Etat est perdu.

Comme la servitude n'exclut point l'ambition, chacun cherchoit à devenir premier Ministre ; c'est-à-dire, le premier esclave. On n'obtenoit ce nom qu'à force de bassesses.

Les despotes font toujours soupçonneux : c'eft qu'ils fe fentent coupables du plus grand de tous les crimes ; de celui de l'ufurpation. L'Empereur du Mogol donnoit des efpions à ceux qui occupoient les premières Charges : ces efpions devoient lui rendre compte de leur conduite : comme ils étoient connus, ils exerçoient leur emploi ouvertement. Cette publicité diminuoit les vexations des Miniftres, des Généraux d'armées, & des autres gens en place. C'eft la première fois que l'efpionage a été utile. Peut-être que fi dans nos temps modernes, on le confidéroit fous ce point de vue, il feroit moins malhonnête ; parce que ceux qui l'exerceroient, au lieu du titre odieux d'efpion, pafferoient pour cenfeurs.

Cependant le defpote Mogol ne l'étoit pas de tout l'Empire. Plufieurs Provinces étoient gouvernées par leurs anciens Souverains qui, pour n'être pas fi abfolus, n'en étoient pas moins tyrans ; car tel étoit le fort de ces peuples, qu'ils devoient être toujours efclaves, foit qu'ils fuffent foumis à des Monarques étrangers, ou à des Princes de leur nation.

Ce qu'il y a de remarquable dans l'usurpation de l'Indouftan, c'eft que la tyrannie n'a pas porté fur la génération. Malgré les viciffitudes attachées à l'invafion, le nombre d'individus n'a point diminué. Si le calcul d'un homme de beaucoup d'efprit eft jufte, il y a cent millions d'Indiens fur dix millions de Tartares; c'eft que les deux races ne fe font pas confondues. Ce partage bien loin d'être onéreux au Gouvernement politique, a été un de fes plus fermes appuis. Les Indiens font laboureurs, artiftes; les Tartares font foldats & courtifans.

Lorfque les derniers arrivèrent aux Indes, le chemin de la tyrannie étoit frayé. Le Prince, fi l'on peut s'exprimer ainfi, ne fit qu'entrer dans la carrière de l'oppreffion.

Tous les produits appartenoient au Defpote; les fujets n'avoient rien en propriété que leur argent.

On y affermoit les productions de tout le Royaume, comme on afferme en Europe les revenus du Roi : ce qui prouve ce que nous venons de dire, que la maltôte n'eſt point nouvelle, & qu'elle avoit parcouru toutes les parties du globe, avant qu'elle ſe fixât dans nos climats.

Cependant la taxe la plus funeſte de toutes, celle qui déshonoroit le plus la finance, n'étoit pas encore établie : je veux parler de la taxe perſonnelle qui précéde la main-d'œuvre, & qui exige d'avance le produit d'une induſtrie qui n'a encore rien rendu.

Au deſpotiſme civil, ſuccédoit le militaire plus terrible encore, parce qu'il traînoît par-tout avec lui l'image de la mort. Le Prince à la tête d'une armée, parcouroit continuellement les Provinces de l'Empire dans un appareil de guerre. Lorſqu'un tyran, du fond de ſon palais, exerce le deſpotiſme, on ne fait que le haïr ; mais lorſqu'il ſe montre à tous ſes peuples, le bras armé, il joint la crainte à la haine, ce qui achève de le rendre odieux.

Comme le Gouvernement defpotique
ft rempli de vices, la vertu eft fon fléau,
parce que par-tout où elle fe montre, elle
le rend plus difforme : le Defpote avoit
grand foin d'entretenir la haine & la divifion
parmi fes fujets, qui font la fource des perfidies & des trahifons, d'où naiffent les crimes & les forfaits.

Voilà ce qu'on peut dire en général de
l'Indouftan, dont l'influence s'étendoit fur
tous les Etats d'Afie.

CHAPITRE V.

Passage des Portugais aux Indes, par le Cap de Bonne-Espérance.

RIEN ne prouve mieux combien les grands événemens de ce monde tiennent au hasard & à cette divinité aveugle, qu'on nomme *Fortune*, que ce qui arriva à la découverte du Cap de Bonne-Espérance. Ceux qui lisent l'Histoire avec la réflexion profonde qu'elle mérite, trouvent que le projet de Gama a été plus ambitieux que juste, moins équitable qu'audacieux. Les moyens qui contribuent à la conquête des Empires lui manquoient : il n'avoit point d'armée réglée, & n'entendoit point la langue indienne, deux armes sans lesquelles un Amiral ne peut ni combattre ni négocier ; mais par un bonheur inattendu, il trouva un Maure dans le pays qui entendoit le portugais & l'indien. Cet

Interprète lui ménagea une audience avec le Zamorin. Le Général lui proposa un traité de commerce avec le Roi de Portugal son maître ; il l'accepta. Les conditions ne sont pas parvenues jusqu'à nous : sans doute qu'elles étoient avantageuses. Ce traité alloit être conclu, lorsque les Mahométans, qui influoient beaucoup à la Cour de ce Prince, lui firent connoître l'inconvénient où il s'exposoit en s'alliant avec une nation avide de gains & de richesses, dont l'ambition lui faisoit parcourir six mille lieues de mer pour s'emparer des trésors de l'Indoustan : que rien n'étoit plus dangereux que de recevoir des étrangers dont la Religion & les mœurs étoient opposées à celles des Indes. Ce raisonnement, fondé sur la vérité, prévalut. Le Général Portugais n'ayant pu traiter avec le Zamorin, retourna à Lisbonne. Son arrivée y causa une joie extrême. Les premiers obstacles qui s'étoient opposés à la conquête des Indes, au lieu de rebuter la Cour de Portugal, ne servirent qu'à irriter ſon ambition. Le Conſeil d'Etat prit des meſures plus juſtes pour réuſſir dans le deſſein d'acquérir l'Empire de cette domination, la plus vaſte & la plus riche de la terre. Le Pape ne manqua pas de profiter de cette occaſion pour faire valoir ſes droits ſur l'Indouſtan. Il concéda au Roi de Portugal toutes les côtes qu'il découvriroit dans l'Orient. Il n'eſt pas étonnant que le Pape lui ait donné cette permiſſion; mais il l'eſt, qu'il la lui ait demandée.

Cette ſeconde expédition, qui étoit dans les formes, réuſſit. On avoit une armée navale compoſée de treize vaiſſeaux de guerre. Cette puiſſance, la plus formidable qui eût encore paru ſur l'Océan, conquit les Indes, mais plus par les intrigues que par la force. On ſait les alliances qu'Alvarès Cabral contraɕta avec les petits Rois, pour vaincre la réſiſtance du Zamorin. Il leur fit faire la guerre pour le Portugal, croyant la faire pour eux : alors ſa puiſſance fut établie irrévocablement. Nul Souverain Indien n'obtenoit ſon alliance, qu'en ſe déclarant vaffal du Roi. Aucun vaiffeau ne pouvoit naviguer dans ces mers qu'avec fes paffeports. Le plus petit Prince de l'Europe, devint le plus grand Roi de l'univers.

Lisbonne fut le premier magafin des richeffes de l'Orient, où aboutirent toutes les lignes du commerce de la terre.

Il y a des temps où tout profpère dans un Etat, comme il y en a d'autres où rien ne réuffit : cela dépend beaucoup du caractère des hommes que le Gouvernement emploie dans les branches de l'adminiftration politique. Il femble qu'*Alphonfe Albuquerque* fut donné au Portugal pour finir par la prudence, ce que fes prédéceffeurs avoient commencé par l'audace. De tous les grands hommes que le Portugal employa à la conquête des Indes, celui-ci fut le plus grand : il avoit l'ame belle, noble. L'Hiftoire eft réduite à louer la bravoure & le courage des héros : elle ne relève en eux que les hauts faits d'armes par lefquels ils fe font fignalés à la guerre. Albuquerque joignoit aux qualités de Capitaine celle de Négociatéur. Il n'eût jamais fait la guerre aux Indes, fi la paix eût pu remplir les deffeins de fa Cour. Il voyoit l'Etat avant fa gloire ; il rapportoit toutes fes actions à celle de fa patrie ; il ménageoit avec un foin extrême la vie des troupes dont il avoit le commandement ; il eût verfé tout fon fang pour épargner celui du dernier foldat. Pacifique par tempérament, il cherchoit à éviter les batailles, toujours malheureufes, lors même qu'elles font accompagnées de la victoire. Mais dans un jour d'action, il déployoit cet héroïfme militaire, qui diftingua depuis Eugène & Condé. Il avoit ce coup-d'œil qui fait le grand Capitaine ; cette préfence d'efprit qui prévoit tout, qui eft par-tout, qui répare tout, & qui trouve des reffources pour tout. Mais ces qualités ne font que des noms, lorfque l'équité, la droiture ne dirigent pas les actions des héros. Albuquerque étoit jufte, intégre, ennemi de la fraude & des malverfations. L'avarice,

cette paffion baffe qui a déshonoré la plupart des Généraux anciens & modernes,
n'entroit point dans fon ame. Il voyoit
avec mépris ces richeffes que tant de Capitaines qui l'avoient fuivi étoient venus
chercher aux Indes. Goa lui manquoit
pour cimenter toutes les branches de fa
puiffance dans l'Inde : ce Général en fit la
conquête. Avant lui, Alexandre avoit fait
de l'Egypte la première Puiffance commerçante du monde. Il eft remarquable que
ce Prince, dans fon plan, fe forma des
idées diamétralement oppofées à celles des
Romains qui penfoient que les arts affoi-
bliffent l'ame & amoliffent le courage :
c'eft que depuis les Romains les temps
étoient changés, & qu'il falloit que
les richeffes fuppléaffent aux vertus qui
s'étoient perdues avec la pauvreté des premières Républiques. Un Souverain qui
voudroit aujourd'hui détruire le commerce
pour rendre fon Gouvernement militaire,
verroit fon Etat périr au milieu d'une armée compofée de bons foldats. Il faut tou-

jours consulter l'âge où l'on vit : c'est la première politique.

L'Egypte n'avoit plus cette vaste domination que le fils de Philippe lui avoit donnée. Ptolémée, qui après sa mort lui avoit succédé à l'Empire, n'avoit pas suivi son plan. Cependant le commerce, du temps d'Albuquerque, étoit assez considérable pour mettre des bornes à celui du Portugal. Pour le diminuer, il falloit dominer sur la mer Rouge : c'est ce qu'il fit. Dans ces temps-là, un Général s'emparoit de la mer, comme du temps des Romains on s'emparoit de la terre. Maintenant après vingt ans de guerre, & autant de victoires, on acquiert à peine quelques lieues de terrein sur l'un ou l'autre élément. C'est que la balance de l'Europe est aujourd'hui le seul système qui préside au Conseil des Rois.

Tristan d'Acugna s'empara de l'Isle de *Sorotora*, dans le golfe de la mer Rouge, où il y avoit une ville qui la défendoit. Il attaqua celle-ci. Jamais on ne vit tant de

bravoure dans un siége. Les soldats aimè-
rent mieux se faire tuer les uns après les
autres , que de se rendre. Ce ne fut qu'a-
près la mort de tous , que le vainqueur en-
tra dans la place : exemple qui prouve autant l'entêtement du Commandant , que
le courage de la part de la troupe. La
guerre a ses loix qu'il faut suivre , sans
quoi elle devient un art aussi cruel que
barbare. C'est une mauvaise politique militaire de se faire tuer , lorsque la mort n'a
d'autre effet que de rendre plus puissant
l'ennemi qui survit.

Malgré l'union de flotte de Cambaye à
celle d'Egypte , les Portugais , après quelques échecs , eurent l'avantage. Pour le
conserver , Albuquerque crut qu'il lui falloit prendre *Suez*. Comme il pensoit n'en
pouvoir venir à bout , qu'en surmontant
les obstacles que la mer Rouge lui oppo-
soit , il forma le dessein d'engager l'empereur d'Ethiopie , qui cherchoit à devenir
l'allié du Portugal , de détourner le cours
du Nil , en lui ouvrant un nouveau passage

pour ſe jetter dans cette mer. Par-là, une grande partie de l'Egypte eût été inondée, & ſon commerce ſe ſeroit beaucoup af-foibli ; ce qui eût donné des forces à celui du Portugal. Nous ne connoiſſons point de projets de marine de cette force dans nos temps modernes. Quelquefois une pe-tite rivière arrête le projet d'une campagne la mieux combinée, ſans qu'il vienne dans l'eſprit du Général d'en changer le cours. Cet homme prodigieux penſoit que par ce nouveau paſſage il pourroit aller piller Medine & la Mèque, dont le concours de Pelerins avoit jetté les fondemens d'un commerce immenſe qu'il vouloit diminuer. Ces idées réfléchies ſur la guerre n'entrent point aujourd'hui dans l'eſprit de nos Gé-néraux ; ils ne ſavent que ſe battre. Albu-querque forma un plus grand projet que celui de détourner le cours du Nil ; c'eſt-à-dire, d'empêcher que les Turcs ne fiſſent la conquête de l'Europe. On ſait que tout étoit préparé pour donner des fers aux différentes nations qui la compoſoient. La
navigation

navigation des Ottomans étoit très-étendue, ainsi que sa puissance. Une bravoure fortifiée par la religion, & soutenue par le zèle qui naît de la superstition, rendoit la milice des Mahométans la plus courageuse qu'il y eût alors au monde. Il falloit arrêter les Turcs dans leurs conquêtes ; & pour cela, le meilleur moyen étoit de diminuer la masse de leurs richesses : c'est ce que fit l'Amiral Portugais, en se rendant maître du golfe Persique. Ainsi ce grand homme, non-seulement fut utile à sa nation, mais encore à la république chrétienne ; c'est à quoi les annales modernes n'ont pas fait assez d'attention. Albuquerque devenu Vice-roi des Indes, fit la conquête de la ville *d'Ormuz*, dont la volupté & la mollesse des habitans lui ouvrirent les portes.

Cependant les Portugais s'établissent dans l'Isle de *Ceylan :* ils font la conquête de *Malaca*, s'emparent des *Moluques*, passent à la *Chine*, deviennent souverains de l'Isle de *Macao*, pénètrent au Japon, où ils établissent leur commerce.

Tome I. F

De tous les peuples qui ſe ſont élevés à la grandeur, celui du Portugal a été le plus grand. L'Empire Romain avoit duré plus long-temps, & s'étoit ſoutenu avec plus de gloire, mais il n'avoit jamais régné ſur tant de peuples. Sa domination s'étendoit d'un bout de la terre à l'autre; il avoit l'empire ſur des Etats dont les productions étoient la ſource des plus grandes richeſſes. Les Portugais étoient les maîtres de la Guinée, de l'Arabie, de la Perſe, & de preſque toute l'Inde. Leur autorité étoit encore plus grande que leur puiſſance. Devenus Souverains des Indes, ils y exerçoient un pouvoir auſſi abſolu qu'arbitraire; ils s'étoient réſervé les denrées qui lui donnoient les plus grandes richeſſes, & n'accordoient aux autres nations que celles qui en produiſoient peu. Toutes les grandes valeurs étoient concentrées dans leurs mains, & ne paſſoient point dans celles des autres peuples qui avoient part au commerce de l'Indouſtan. Par ce monopole inconnu aux nations qui

avoient étendu leur puissance par les arts,
le Portugal étoit devenu le maître du prix
des manufactures de l'Europe, dont il ré-
gloit à son gré la manutention.

L'Afrique avoit subi les mêmes loix que
l'Inde. Avant les Portugais, les Arabes y
faisoient un commerce avantageux. La
denrée du pays étoit de l'or, avec lequel
ils achetèrent les marchandises de l'Inde,
dont la vente leur donnoit de grands profits.

Tant d'opulence & d'élévation devoient
produire l'effet qui leur est naturel : celui de la corruption. On diroit qu'il y a
dans le cœur humain une mesure de vertus, & qui, lorsqu'elle est remplie, se
change en vices. Les Portugais dégéné-
rèrent lorsqu'ils furent parvenus au faîte
des grandeurs. C'est ce qui arriva aux
Grecs ; c'est ce qui est arrivé aux Romains;
c'est ce qui arrivera à toutes les nations
qui passeront de l'extrême pauvreté à l'excès des richesses, sans avoir eu le temps
de s'y préparer. On trouve dans l'Histoire

politique & philosophique des Indes, l'é-
numération des crimes & des délits que
les Portugais commirent dans cette belle
partie de l'univers, où ils s'étoient établis
au prix de tant de sang. C'est un monument des abus qu'on peut faire de la Puiſſance, lorsqu'elle n'est point dirigée par
la vertu.

Jean de Caſtres, que la Cour de Liſ-
bonne envoya pour prévenir la ſuite de
tant de maux, arrêta un peu ces déſordres ; mais comme les richeſſes étoient les
mêmes, les vices ne changèrent point. Le
phyſique influa beaucoup sur cette révolution. Les premiers Capitaines qui
avoient fait la conquête de l'Indouſtan
étoient Portugais ; les derniers étoient nés
dans les Indes. Voilà la cauſe de ce changement. Un homme de beaucoup d'eſprit
a dit dans le meilleur livre que nous ayions,
que l'Aſie ne peut produire que *l'héroïſme
de la ſervitude.*

Toute l'Inde conjura contre les Portugais. Une ligue conſidérable ſe forma pour

les chasser d'un pays où ils étoient devenus tyrans.

Le Gouvernement fit passer les mers à *Athaïde*, qui avoit des vertus ; mais il n'est pas donné à un homme de corriger à la fois tant de vices. Ce Portugais, après avoir montré beaucoup de sagesse, de prudence, de bravoure & de courage, laissa à sa mort les Indes dans un plus mauvais état qu'il ne les avoit trouvées. Comme on ne reconnoissoit plus ni constitution, ni loix, ni gouvernement, chaque Portugais ressembloit à un esclave échappé de la maison de son maître. L'amour de la gloire étoit éteint ; il n'y avoit plus ni discipline, ni subordination dans les troupes. Le soldat étoit l'ennemi de l'Officier, qui à son tour n'aimoit point le soldat. Personne ne pensoit au bien public ; chacun étoit occupé de son intérêt particulier. Le Gouvernement étoit partagé en trois factions ; il étoit question de savoir celle qui y domineroit. On commettoit toutes sortes de crimes pour parvenir à la Puissance suprême. Ce peuple perdit dans l'Inde sa grandeur ainsi que sa puissance , & par une suite naturelle , il tomba dans le mépris.

C'est ici qu'il faut se donner le spectacle des choses humaines. Qu'on lise dans l'Histoire du Portugal , tant de guerres entreprises dans le nouveau monde , tant de sang répandu , tant de peuples conquis , tant de nations vaincues , tant de gloire , tant de grandes actions , tant de triomphes ; tant de politique , de sagesse , de prudence , d'ardeur , de force , de courage. Ce projet d'envahir l'Asie entière , si bien concerté , si bien soutenu , si bien fini , n'a d'autre effet que d'affoiblir l'Etat principal. On n'élève donc sa puissance , que pour la voir mieux renverser. Triste réflexion , qui humilie la puissance des Rois , & la gloire des Héros.

Cependant la corruption seule n'avoit pas fait tout le mal ; des causes étrangères s'en étoient mêlées. Les grandes nations industrieuses ne purent voir sans envie cette petite nation se rendre maîtresse de

tout le commerce des Indes. Elles formèrent le deſſein de le partager avec elle ; ce
qui ne pouvoit ſe faire ſans effuſion de
ſang, & ſans guerres en Aſie. La Hollande parut la première ſur les rangs, &
les autres nations maritimes la ſuivirent de
près. Il faut dire quelque choſe de leurs
vues & de leurs deſſeins.

La nation Hollandoiſe devenue marchande, avoit été brave & courageuſe
dans les âges où ſa pauvreté lui donnoit
les qualités militaires, & où elle ne comptoit pas encore ſes vertus par ſes richeſſes.

Céſar s'étoit ſervi des Bataves, d'où ſont
ſortis les Hollandois, pour faire la conquête du monde. Il les déclara *amis &*
freres du peuple Romain. C'étoit alors le
plus grand honneur auquel une nation pût
aſpirer.

Jamais peuple dans nos temps modernes n'eut moins de moyens pour parvenir
à la grandeur, & jamais aucun ne s'y éle-
va d'un vol plus rapide. Une agriculture

précaire, un continent submergé par la mer, un peuple qui n'a pour toute subsistance que quelques pâturages, acquiert la Puissance. D'où lui vient donc cette énergie? Le voici: de l'amour de la liberté, de la haine pour la servitude, d'un mépris pour le luxe, d'un éloignement pour tout ce qui peut provoquer les sens & irriter le goût. La frugalité mene à la valeur. Un peuple sobre devient soldat par état.

Peut-être que le despotisme de Philippe II, qui régnoit dans les Pays-Bas, servit plus à la grandeur de ce peuple, que ses qualités ne contribuèrent à le rendre grand. Lorsque la tyrannie est portée à l'excès, elle jette les hommes dans le désespoir, d'où naît l'audace & cette bravoure propre à exciter la vengeance qui est la plus vive de toutes les passions. L'exemple des Portugais, qui n'avoient qu'un petit Domaine en Europe, engagea les Hollandois à s'établir en Asie, mais ils n'avoient ni Pilotes ni Marchands. Comme leurs moyens étoient petits, & leur ambition grande, ils cherchèrent, par une forte d'économie, de s'ouvrir un chemin à la Chine & au Japon.

Corneille Houtman se chargea de jetter les premiers fondemens de la navigation que la République vouloit établir. C'étoit un Hollandois d'un génie supérieur à ceux de sa nation. On lui confia quatre vaisseaux pour les conduire aux Indes. Il lui falloit éviter les établissemens des Portugais, encore tout-puissans malgré leur décadence, & parcourir les Indes par un chemin détourné, afin de découvrir le commerce le plus avantageux. C'est ce que le Houtman fit avec autant d'habileté que d'adresse. Il revint en Hollande avec des richesses & des instructions nécessaires pour faire un commerce avantageux : c'étoit celui des épiceries sur lequel on avoit fondé de grandes espérances. On ne sauroit trop dire pourquoi cette préférence. Le luxe des ragoûts n'étoit point encore établi chez aucune nation de l'Europe. La

table de ces temps-là étoit auſſi ſimple que
les hommes. Le gibier étoit la nourriture
des grands, & les légumes celle des petits.
On ne connoiſſoit point ce haut goût qui
a empoiſonné depuis la cuiſine des Seigneurs, & a hâté la mort des gens riches.
Mais ſoit preſſentiment ou jugement, les
Hollandois conçurent que le commerce
des épiceries deviendroit le plus riche de
l'Inde ; & l'expérience a fait voir qu'ils ne
s'étoient pas trompés. Ils pénétrèrent juſqu'à Java, où l'Amiral *Van Nech*, qu'on
avoit chargé de cette première expédition,
revint avec un grand tréſor.

Il eſt néceſſaire d'obſerver que ce qui
contribua le plus à l'établiſſement de ces
Républicains dans les Indes, fut la haine
que le deſpotiſme du Gouvernement des
Portugais y avoit fait naître : on aima mieux
avoir deux Maîtres qu'un tyran. C'eſt ainſi
que les nations conquérantes, qui manquent de ménagement envers les peuples
conquis, perdent le fruit de leurs travaux.

Les particuliers d'Amſterdam n'ayant pas les moyens de faire un commerce qui demandoit des fonds conſidérables, formèrent une Aſſociation ſous le nom de Compagnie des grandes Indes. Pour que ſon autorité s'étendît au loin, on la revêtit de la Puiſſance ſouveraine. Elle avoit le droit d'avoir une armée; de faire la guerre ou la paix; d'envoyer ou recevoir des Ambaſſadeurs; de faire des Gouverneurs, & créer des Officiers de Juſtice. Lorſque l'on concède un pouvoir à une Compagnie de Marchands, on connoît ſon étendue; mais lorſqu'on lui accorde tous les pouvoirs, on ne ſait ce qu'on lui donne. Quoi qu'il en ſoit, c'eſt à ce grand privilége qu'on doit cette domination marchande qui a tyranniſé depuis le commerce de l'Aſie, de l'Afrique & de l'Amérique: époque remarquable dans l'Hiſtoire. Il faut citer les nations qui font les premiers maux, comme celles qui font les premiers biens. Il étoit impoſſible que les deux peuples ne ſe nuiſiſſent réciproquement dans les

Indes. Les Hollandois cherchoient à acquérir du pouvoir ; les Portugais à conserver celui qu'ils avoient. Les moyens étoient différens ; mais l'ambition étoit la même. Chacun vouloit s'enrichir.

Les derniers, comme nous venons de le voir, n'étoient plus ce qu'ils avoient été autrefois. Ce changement tiroit sa source de la nature des choses. On a plus de valeur, lorsqu'on entre dans la carrière de la fortune, que lorsqu'on l'a parcourue ; c'est que l'ardeur diminue à proportion des progrès qu'on y a fait. Quelle différence des Romains qui vainquirent les peuples les plus braves de l'univers, de ces mêmes Romains qui furent vaincus par les plus lâches de la terre.

Les guerres que les deux nations se firent étoient d'une manière différente de celles que les premiers Portugais avoient faites aux Asiatiques, peuples à moitié vaincus par la foiblesse qui naît du climat. Les armées navales des deux Puissances étoient aussi disciplinées qu'aguerries, ayant chacune de leur côté toutes les reſſources qu'on tiroit de l'art militaire, qui, ſans être auſſi parfait qu'il l'eſt devenu, donnoit plus de moyens à la guerre.

Cependant les Hollandois étoient des ennemis moins dangereux que la plupart des peuples belliqueux de ces temps-là. Ils faiſoient la guerre en Marchands qui, dans toutes les affaires de la vie, ſuputent la recette par la dépenſe; mais ils étoient à craindre par leur économie, par leur ſimplicité, par leur modération, par la perſévérance dans leurs deſſeins, par la patience dans les viciſſitudes qui naiſſent de l'inconſtance attachée aux choſes humaines: qualités qui, à la guerre, équivalent aux vértus militaires. Tous leurs combats étoient par détachemens: ils ne donnoient jamais de ces batailles générales qui décident du ſort de la guerre; ſur-tout ils cherchoient à réparer par le commerce la perte qu'ils avoient faite dans les batailles, ne retournant jamais dans leur patrie qu'avec des profits conſidérables.

Ils s'emparèrent de Formoſe. Ils ne furent pas plutôt établis dans cette Iſle, qu'elle devint pour eux une source d'abondance. Cent mille Chinois qui fuyoient l'oppreſſion des Tartares, y étoient venus chercher un aſyle contre la tyrannie : ils y apportèrent les manufactures & les arts, d'où naiſſent les richeſſes.

Bientôt les Hollandois s'établirent au Japon , ils formèrent des Comptoirs dans les différentes parties des Indes où le commerce étoit le plus avantageux : ils rencontrèrent par-tout les Portugais, qui ne défendoient que foiblement des établiſſemens qu'ils avoient formés avec autant d'intrépidité que de courage. Voilà les nations ; voilà les hommes, vainqueurs dans un temps, vaincus dans un autre.

L'Angleterre ainſi que la Hollande voulurent avoir part à la conquête de l'Aſie. Je parlerai auſſi de cette Puiſſance, qui du ſein de la foibleſſe & de l'impuiſſance, acquit aſſez de force & d'audace pour envahir la plus vaſte partie des Indes. Ce mor-

ceau d'histoire de la Grande-Bretage entre
dans celle de Portugal. On y verra combien la fortune se plaît quelquefois à faire
jouer un grand rôle aux nations, qui par
le peu d'étendue de leur terrein, & leur
population, devroient rester cachées derrière le théâtre du monde. On ne dira rien
de la puissance dont elle jouit maintenant
dans cette partie de la terre où elle domine avec tant d'éclat; c'est à l'Histoire
moderne à en laisser le tableau à la postérité. Il n'est question ici que de son établissement aux Indes du temps des Portugais.

CHAPITRE VI.

Paſſage des Anglais aux Indes.

L'ORIGINE de l'Angleterre eſt ſi peu connue, qu'on ignore encore aujourd'hui celle de ſes premiers habitans. On ſait ſeulement que cette Iſle, qui ne formoit qu'un point imperceptible ſur le globe, fut d'abord fréquentée par les Phéniciens, les Carthaginois, & les Gaulois. Son premier commerce étoit réduit à quelques vaſes de terre, du ſel, des inſtrumens de fer, qu'on échangeoit pour des eſclaves, des chiens de chaſſe, & de l'étain. Avec ſi peu de moyens, l'Angleterre ne devoit pas s'élever à la grandeur, auſſi reſta-t-elle long-temps dans une ſorte d'anéantiſſement. Son état de foibleſſe étoit tel, qu'elle voyoit tous les ans ſes campagnes déſolées, ſes récoltes enlevées, ſes maiſons ſacagées, ſes peuples amenés en eſclavage,

clavage, fans que la nation fongeât à fe fouftraire à cette tyrannie du premier venu qui vouloit l'opprimer.

Le pays étant entiérement dévafté, & n'y ayant plus rien à prendre, on prit le pays lui-même, qui paffa d'une domination à l'autre, fans que jamais ce peuple, auffi foible que timide, cherchât à fe défendre.

Guillaume le Conquérant, qui fubjugua l'Angleterre, la fit fortir de cet état d'i-nertie qui la retenoit depuis longtemps dans l'aviliffement. C'eft peut-être la pre-mière fois que la tyrannie ait été utile aux hommes; car tout ufurpateur eft un ty-ran. Ce n'eft pas que le Prince Normand lui donnât des vertus : un peuple efclave n'en fauroit avoir ; mais il lui donna des loix & un gouvernement. Voici une étran-ge révolution, qui n'eft arrivée à aucune Société depuis les Romains.

A peine les Anglois furent-ils fortis de la barbarie, qu'ils devinrent militaires. Ils firent voir un courage qu'ils n'auroient jamais dû montrer, ou qu'ils auroient dû

faire voir plutôt. La guerre fut pour eux
un état naturel. Ils donnèrent des batailles
au dehors, & quand ils n'eurent plus de
combats à livrer à leurs voisins, ils se battirent entr'eux. Les guerres civiles furent
pour les Bretons une école, où ils apprirent à devenir soldats. Comme il n'y avoit
encore aucune loi qui favorisât le commerce, il étoit en entier entre les mains
des étrangers. La somme du numéraire
étant très-petite, l'intérêt de l'argent étoit
fort-haut, & c'est peut-être une régle assez
générale, que moins il y a de finances
dans un Etat, & plus la finance est chère.
C'est la rareté de l'espèce qui y met le prix.
Les loix économiques étoient si contraires
à elles-mêmes, qu'elles défendoient l'exportation des laines manufacturées, & le
fer travaillé, qu'on auroit dû encourager.

Le régne d'Henri VII changea la fortune de l'Etat. Ce Prince ne fit pourtant
que permettre aux Barons de vendre leurs
Terres, & aux roturiers de les acheter.
Mais cette loi eut cet effet, qu'elle rap-

procha les hommes, en mettant plus d'é-
galité dans les conditions. Dans un Etat
où un citoyen est à une distance immense
d'un autre citoyen, il s'y forme un vuide
qui n'est rempli par aucune classe.

Voici une mauvaise loi. On fixa le prix
de toutes les choses comestibles : on taxa
d'usure l'intérêt de l'argent, comme si
l'argent ne devoit pas avoir un prix, &
que celui qui le loue n'étoit pas obligé de
payer pour le profit qu'il y fait. On établit des corps de maîtrises ; ce qui étoit
le moyen d'avoir peu de maîtres. Presque
tous les ouvriers étoient Flamands. Il est
remarquable que ce peuple, de nos jours
le moins laborieux, étoit alors le plus industrieux. On fit plus, on taxa la main-
d'œuvre. Les Artistes ne pouvoient occuper plus de deux hommes dans leurs ateliers. Les Marchands de Londres étoient
taxés comme les étrangers. On n'avoit pas
encore établi des loix agraires, c'est-à-dire,
celles qui jettent les fondemens de la puissance d'un Etat naissant. L'ignorance sur

l'agriculture étoit fi grande, qu'on aban-
donnoit la culture des meilleures terres
pour les mettre en pâturages, dans le
temps même qu'on fixoit le nombre des
moutons qui devoient former chaque trou-
peau. Tout le commerce, tous les arts,
toutes les affaires de la République étoient
entre les mains des habitans des Pays-Bas.
Sans être Anglois, ils étoient les Artiftes
de l'Angleterre.

Il en eft des Etats comme des hommes :
il y a une forte de fortune qui préfide à leur
élévation : on feroit bien embarraffé de
dire ce qu'on entend par ce mot. Peut-être
qu'il vaut mieux de ne pas l'entendre : on
s'indigneroit contre les caprices du hafard,
qui fouvent fert mieux les Gouvernemens que les meilleures loix politiques &
civiles.

Voyez par quel enchaînement de caufes
fecondes l'Angleterre jette les premiers
fondemens de fa grandeur. Il fe trouve
un homme cruel & barbare en Flandres.
Le Duc d'Albe, qui gouverne les Pays-

Bas, eſt un tyran. Les habitans fuient ſon oppreſſion. Les plus habiles Artiſtes paſſent en Angleterre : les manufactures s'établiſſent à Londres ; l'induſtrie ſe forme, & les arts fleuriſſent. Par un ſecond effet du même haſard, la perſécution des Réformés en France donne des ouvriers de toute eſpèce à l'Angleterre : le ſecret des arts, dont les Gouvernemens économiques s'étoient fait un myſtère, n'en eſt plus un. Par un dernier événement, peut-être plus heureux que les premiers, une grande Reine occupe le trône. Eliſabeth profite des fautes des autres Souverains pour enrichir ſon Empire. La Grande-Bretagne devient une Puiſſance, avant le temps où la politique permet aux petits Etats de s'agrandir.

Dans la marche de l'économie-pratique, il ſuffit du premier pas. Les Anglois qui achetoient leurs vaiſſeaux des autres nations, apprennent à les conſtruire euxmêmes. Avec ces magaſins ambulans, ils entreprennent ſeuls le commerce de la Moſcovie. Bientôt ils entrent en concur-

rence avec les Villes Afiatiques : ils jettent
les premiers fondemens du commerce de
Turquie. Leurs Navigateurs pleins de cette
émulation maritime qui a contribué à faire
les plus grandes découvertes fur l'Océan,
tentent de s'ouvrir un paffage aux Indes :
ils y arrivent, les uns par le Sud, les autres par les voies que les Portugais & les
Hollandois ont prifes pour y parvenir.
Les plus habiles ou les plus ambitieux
Négocians forment en 1600 une Société,
fous le nom de *Compagnie des Indes*. Elle
obtint du Parlement un privilége exclufif :
elle arma quatre vaiffeaux. C'étoit bien peu
pour une expédition de cette importance ;
mais les Anglois ont pour maxime, que
dans les entreprifes où il s'agit de beaucoup de fonds, il faut beaucoup de pré-
cautions. Ils arrivèrent au port d'Achem,
où ils furent bien reçus des habitans. La
gloire de cette nation étoit déjà paffée aux
Indes. On favoit qu'elle avoit eu des avantages à la guerre contre les Portugais ; il
n'en fallut pas davantage pour les faire

recevoir comme amis, tant la haine qu'on avoit contre cette nation étoit grande. Le Roi donna des fêtes à cette occafion ; il accompagna celle-ci d'un traité de commerce.

Les Portugais ne pouvoient manquer d'avoir des démêlés avec les Anglois, comme ils en avoient eu avec les Hollandois. Une nation qui avoit dominé la première dans les Indes, & qui y avoit dominé feule, ne pouvoit pas s'accoutumer au partage.

Cependant les Anglois établirent des Comptoirs à Mafulipatan, à Calicut, à Delhi, & pouffèrent même leur ambition jufqu'à vouloir en établir à Surate. Jufques-là les Portugais n'avoient fait que fe plaindre ; mais lorfqu'ils apprirent ce dernier deffein, ils menacèrent : ils firent dire aux Princes Indiens, que s'ils fouffroient les Bretons dans cette ville, ils brûleroient tous leurs bâtimens, & s'empareroient de la navigation générale de l'Inde. Il faut obferver que ce difcours s'adreffoit à des Rois puiffans, à des nations immenfes,

& que lorsqu'ils parloient ainſi, il y avoit mille Indiens pour un Porugais. Voilà qui explique comment les Romains firent autrefois la conquête du monde. L'audace dirigée par la force peut faire qu'un homme en vaut mille. Cette différence naît de celle qu'on met dans la diſcipline militaire.

Cependant le ton impérieux qu'avoient d'abord pris les Portugais, ne leur réuſſit point : ils furent battus ; mais non point vaincus. Les Anglois eurent ſur eux l'avantage, ſans avoir la ſupériorité.

Les victoires des Bretons ſur les Portugais qui avoient paſſé longtemps pour invincibles, leur donnèrent une réputation qui s'étendit juſqu'en Perſe. Le Gouvernement leur permit d'y négocier ; & pour qu'ils le fiſſent avec avantage, il leur accorda une exemption perpétuelle de tous les droits ſur les marchandiſes qu'ils y introduiroient, à condition qu'ils entretiendroient deux vaiſſeaux de guerre dans le Golfe. On craignoit plus le reſſentiment

des Portugais , qu'on ne redoutoit la puiffance des Anglois.

Le commerce des Bretons rendit la
Perfe floriffante.

La mort de Charles Ier, qui fut un événement pour l'Europe , & un exemple
pour les Rois , fit oublier les Indes. Tout
fut dans le trouble & la confufion en Angleterre. On n'étoit forti du defpotifme
Royal , que pour tomber dans l'anarchie
des Grands. Le peuple cherchoit par-tout
la République , & ne la trouvoit nulle part.
Les Portugais refpirèrent en Afie ; mais
ce ne fut pas pour long-temps. La guerre
que le Protecteur déclara aux Hollandois,
où ils furent vaincus plufieurs fois , donna
une nouvelle vigueur au commerce des
Anglois. La Compagnie en profita pour f
rendre maîtreffe des meilleurs marchés de
l'Inde : elle alloit même s'établir au Japon,
lorfque les Japonois ayant appris que le
Roi avoit époufé une fille du Roi de Portugal , ne voulurent pas recevoir les Anglois dans leurs ports. Comme la haine eft

une suite de la crainte, on doit juger par celle-ci de la terreur que les Portugais excitoient dans toutes les Cours de l'Asie, dans le temps même de leur décadence.

Il est temps de passer à la France qui, à l'exemple de la Hollande & de l'Angleterre, voulut partager avec la Cour de Lisbonne le commerce des Indes.

CHAPITRE VII.

Paſſage des François aux Indes.

PEUT-ÊTRE qu'aucune nation de l'Europe n'étoit moins propre à s'établir aux Indes que la Françoiſe. Quoique cette Puiſſance eût des ports, elle n'avoit point de marine. Toutes ſes vues avoient porté ſur la terre, aucune ſur la mer. Peut-être que la navigation n'appartient qu'aux petits Etats : un grand Empire a trop d'affaires ſur le premier élément, pour s'occuper du ſecond : preſque toujours il n'en a pas les moyens. Comme il lui faut une nombreuſe milice pour veiller à tous ſes intérêts, il épuiſe ſes tréſors en ſoldats ; c'eſt l'armée de terre qui abſorbe celle de mer.

Dans les commencemens de la Monarchie Françoiſe, comment auroit-on formé une marine ? On n'avoit rien à exporter.

L'induſtrie nationale s'étoit retirée dans les Couvents que la religion des premiers Fidèles avoit conſacrés à la prière. Les célibataires étoient Artiſtes. Ceux qui avoient plus de vigueur, partageoient avec leurs cerfs les travaux de l'agriculture ; les autres s'occupoient dans les ateliers. C'eſt peut-être la ſeule fois que les Moines ont été utiles au genre humain. Mais une main-d'œuvre qui avoit pris naiſſance dans les Cloîtres ne devoit pas s'étendre au loin.

Le Roi Dagobert fut le premier qui donna quelque activité aux François. Auſſi-tôt on vit les Etrangers accourir en France pour y échanger leur induſtrie : car l'argent n'avoit pas encore la faculté de repréſenter toutes les choſes. Une nation qui n'auroit eu que ce métal, n'auroit pu acheter ſes beſoins.

Charlemagne cultiva lui - même ſes domaines. Les Courtiſans qui font toujours ce que le Prince fait, ſe livrerent à l'Agri-culture & aux Arts qui la précedent & la fuivent. Un vafte Empire, fous un ciel heureux, ne pouvoit manquer de devenir abondant. La France eut alors beaucoup de productions à échanger. Mais les Normands qui parurent, diffiperent ces premiers rayons de lumière qui s'étoient communiqués aux Arts. On fait leur rapine, leur fureur & leur cruauté. Il eft trifte que l'Hiftoire puiffe reprocher à des nations d'Europe, une barbarie qu'on ne lit point dans les guerres des fauvages de l'Amérique. Les Seigneurs profiterent de ce trouble & de cette confufion, pour fe rendre maîtres des Provinces dont ils n'avoient que l'adminiftration ; car l'ambition eft de tous les temps. Souvent les plus malheureux font ceux qu'elle choifit pour faire valoir fes vues & fes deffeins. Capet, qui avoit befoin de leur appui pour fe fortifier fur un trône où il étoit étranger, les confirma dans leur ufurpation. Alors il n'y eut plus de Conftitution, plus de Gouvernement, plus d'Etat. Un defpotifme affreux fuccéda à l'état monarchique.

Le commerce & la servitude sont incompatibles. Les Arts ne fleurissent qu'à l'ombre de la liberté. Plusieurs Rois chercherent à se délivrer de ces tyrans subalternes. S. Louis fut le premier qui commença ce grand ouvrage : il ne falloit pas moins d'un Saint pour y réussir. Car tel est le malheur des Etats qui sont dans l'anarchie, que le Prince régnant n'a ni assez de puissance, ni assez de volonté pour rétablir l'ordre.

Ce Monarque, éclairé dans un siècle où les Rois ne l'étoient gueres, eut assez de lumière pour découvrir que le commerce étoit le fondement de la puissance des Etats. Il lui donna des Loix, & fit lui-même des Statuts qui ont servi de modèle à tous ceux qu'on a faits après lui.

Son fils, avec le même génie, eut les mêmes intentions, mais n'eut pas les mêmes moyens. La France manquoit de numéraire.

Philippe-le-Bel qui fit beaucoup de choses pour la France, en fit une bien utile ; celle de multiplier les productions étran-

gères. C'étoit donner au commerce intérieur & extérieur toute l'étendue qu'il pouvoit avoir. Il établit les Manufactures.

Cependant il falloit de nouveaux modèles aux François. Ils en tirerent d'Italie
où les Arts étoient plus parfaits. Le luxe
que François Ier. introduisit à la Cour donna
une nouvelle émulation à la main d'œuvre,
& Catherine de Médicis l'augmenta par ses
profusions. Les grands qui avoient quitté
leurs châteaux pour habiter les villes, les
rendirent plus magnifiques, & cette magnificence inconnue auparavant dans la
Monarchie, fut au profit des Arts.

Henri I V fut d'abord trop occupé des
guerres civiles, pour fixer ses regards sur
l'industrie. Sully la fit reparoître ; mais ce
ne fut que pour un moment. Les deux Ministres qui vinrent après, Richelieu & Mazarin, furent plus occupés de leur ambition
que des Arts.

Il est remarquable dans l'Histoire de
France, que cette Monarchie qui, sous
ses différens regnes, s'étoit remplie d'idées

sur le commerce, à la découverte du cap de Bonne-Espérance, ne vit point les Indes comme une des plus abondantes sources de ses richesses. Les trois Puissances qui y avoient fait paroître leur pavillon, en avoient tiré de grandes ressources; cependant, il n'étoit pas venu dans l'esprit de les imiter. Au contraire, cette partie de l'Asie, qui enrichissoit les autres nations, appauvrissoit la France, parce qu'elle achetoit de celle - ci ce qu'elle pouvoit aller chercher elle-même.

A la fin, les yeux de quelques particuliers s'ouvrirent. Ils passerent les mers pour aller aux Indes. Tout le fruit de leur voyage fut de découvrir l'isle de Madagascar que les Portugais avoient découverte avant eux. Les François croyant y trouver de l'or, s'y fixerent pour quelque temps. Mais s'étant apperçus que cette isle ne produisoit pas le métal qu'ils cherchoient, ils s'en dégoûtèrent. On vendit cette isle, comme on vend un effet mobilier. C'étoit un Royaume qui avoit cent trente-

six

fix lieues de long fur cent vingt de large. Il s'en falloit bien que le Portugal en Europe fût fi étendu. Un Maréchal de France l'acheta pour lui, comme il auroit fait d'une maifon ; mais n'ayant pas pu s'y établir, il la vendit au plus offrant & dernier enchériffeur, pour le prix de vingt mille francs. C'eft je crois la premiere fois qu'un domaine d'une fi vafte étendue, ait été mis à l'encan, & livré à ce prix. On a calculé qu'il ne revenoit pas à un fol la lieue carrée.

Colbert établit une Compagnie des Indes, & lui donna toute l'émulation dont cet établiffement pouvoit être fufceptible. On forma un fonds de quinze millions, dont le Miniftére en fit la principale avance. La France n'étoit pas encore écrafée fous le poids des taxes qui s'établirent fous le même régne.

Mais il fallut abandonner Madagafcar, le premier plan qu'on avoit formé pour cette ifle ne lui convenant pas. Il eft inoui qu'un Gouvernement & des Miniftres fe trompent fur des objets de cette importance , & qu'ils n'ouvrent les yeux qu'après une fuite de maux que caufent ces effais aux Etats qui les tentent.

Après l'abandon de cette ifle , les François s'établirent à Surate , cette Ville célebre , bâtie dans le Guzurate , pays qui devoit fon ancienne profpérité aux premiers Portugais. Les Mogols à qui elle appartenoit par droit de conquête , y avoient établi les Arts; mais les François ne purent point s'y fixer. Ils ne réuffirent pas mieux dans les Ifles de Ceilan & de S. Thomé , qui depuis un fiécle avoient été découvertes par les Portugais , ainfi que plufieurs autres. Rien ne rend le nom d'un peuple plus célebre , que les monumens qui reftent après lui.

Les François s'établirent à Pondichery , qui n'étoit encore qu'une bourgade , & qui devint une ville. Bientôt ils formèrent un plan plus grand : celui de s'établir à Siam. Un aventurier Grec de nation , nommé Conftantin Phaulcon , qui vouloit devenir

Roi, & partager l'Empire avec une Puissance Européenne, en avoit fait goûter
le deſſein à la France; mais il fut ſi mal
conduit, qu'il échoua. Il n'eſt pas étonnant qu'un particulier ambitieux, en ſé-
duiſe un autre, & lui faſſe adpopter ſes
vues & ſes deſſeins; mais il l'eſt qu'une
Cour & ſon Conſeil ſe laiſſent tromper
par un intrigant, qui n'a d'autre garant de
la révolution qu'il médite, que la trahiſon
qu'il trame. On ſait ce qu'il en coûta à la
France, pour avoir été trop crédule : des
Prêtres, des Soldats, des Ambaſſadeurs
furent les victimes de cette expédition.

De tous les pays de la terre, celui de
Siam eſt le plus délicieux. La nature y fait
tout, l'art n'y a preſque rien à faire.
L'homme condamné au travail par état,
eſt délivré de cette condition, qui ailleurs
fait ſon malheur. Dégagé de tout ſoin, il n'en
connoît d'autre que celui de ſa jouiſſance.
Il n'eſt embarraſſé que ſur le choix. La
terre prodigue de ſes dons, rend deux
cents pour un. La plupart des récoltes

ſe trouvent même faites ſans les ſemer : on diroit que la terre ſe croit obligée de nourrir les hommes qu'elle porte ; qu'elle leur doit tout, & qu'ils ne lui doivent rien. Les fruits qu'elle produit ſans labeur ont un goût exquis ; elle en a même qui lui ſont particuliers. A l'égard de ceux qui lui ſont communs avec les autres climats, ils ont un parfum qu'on ne leur trouve point ailleurs.

La fécondité du ſol ne ſe borne pas aux alimens les plus délicieux que la nature puiſſe donner aux hommes ; elle produit les richeſſes qui, bien ménagées, peuvent contribuer à les rendre heureux. On y découvre des mines d'or, qui étant à fleur de terre, ſont exemptes de ces travaux qui donnent la mort. D'autres mines, moins précieuſes, mais plus néceſſaires, y abondent.

Pourquoi faut-il que le pays le plus heureux de la terre, rende les hommes les plus malheureux du monde ? Un Deſpote affreux les prive de ces avantages.

Le tyran de Siam croit que la nature ne
produit que pour lui ; que tous ſes tréſors lui appartiennent, & qu'il a le droit
d'en priver ſes ſujets : auſſi ne leur laiſſe-
t-il qu'une ſubſiſtance précaire, tandis qu'il
jouit de la plus abondante : il joint à la privation de l'aliment, celle de la liberté.
Tous ſes ſujets ſont ſes eſclaves.

Malgré un gouvernement qui ne devoit
pas favoriſer le commerce dans le Royaume de Siam, les François en auroient pu
faire un très-avantageux. Les établiſſemens
étoient tout faits : les Hollandois, dans le
temps de leur proſpérité, les avoient formés ; il n'y avoit qu'à s'y placer. Tous les
premiers genres, comme l'yvoire, le bois
de teinture, étoient prêts à être exportés ;
mais les Soldats, les Officiers, les Ambaſſadeurs, les Prêtres qu'on avoit envoyés,
n'entendoient rien au commerce qui périt
dans leurs mains.

La Compagnie des Indes fixa de nouveau ſes regards ſur Pondichery. Un ſeul

homme (1) fit dans cette colonie, ce que le Gouvernement n'avoit pu faire ; il lui donna de l'ordre. La harangue qu'il fit aux François eft remarquable. « Meffieurs, leur » dit-il, nous fommes les derniers venus » dans l'Inde ; nous y avons été précédés » par des peuples intelligens dans le com- » merce, & qui fe font montrés auffi bra- » ves foldats que bons négocians. Eloignés » de notre patrie , n'ayant aucune efpé- » rance d'en être fecourus , nous ne pou- » vons y réuffir que par des vertus fupé- » rieures à celles des grands hommes qui » nous y ont devancés ».

Ces paroles firent tant d'impreffion fur les colons François , qu'ils changèrent de caractère , faifant fuccéder des vertus fo- lides , à cette légéreté qu'on leur a repro- chée dans tous les temps.

Cette colonie fe forma au commerce par toutes les connoiffances qui lui font propres.

---

(1) Nommé Martin.

De nos jours la Compagnie des Indes dégénéra, par une suite de fautes qu'il feroit trop long de rapporter ici : on en trouve le détail dans les Livres qui les ont publiées.

Le fyftême de Law fembla la rétablir ; mais l'éclat que cet homme lui donna, ne fervit qu'à hâter fa ruine. Aucun Gouvernement, depuis l'établiffement du numéraire, n'a donné l'exemple d'une telle révolution dans les finances. Il n'eft pas impoffible que l'aventurier qui la fufcita, & le Prince qui la protégea, n'euffent de bonnes intentions. L'un mourut pauvre, & l'autre laiffa des dettes. Or c'eft-toujours par les richeffes qu'il faut juger des hommes, parce qu'ils ne fe rendent jamais coupables de monopole impunément.

On fait les progrès, ainfi que les viciffitudes qu'éprouverent les Danois, les Suédois, ainfi que les autres puiffances qui voulurent avoir part au commerce des Indes.

Tandis que les différentes nations mari-

times de l'Europe étendoient leurs frontières dans les Indes, le Portugal rétréciſſoit
les ſiennes. De toutes les Puiſſances qui y
dominoient, celle-ci devint la plus foible.
Elle ſe vit réduite à Macao, Diu & Goa.
Malgré cette diminution, elle eût conſervé
ſon influence, ſi ſes Colonies avoient conſervé leur commerce; mais dans toutes les
trois il étoit preſqu'éteint, & il ne s'eſt pas
relevé. De nos jours, Macao n'envoie tous
les ans à Goa que quelques porcelaines de
rebut, qu'il achete dans le magaſin de Can-
ton, dont le fonds appartient en grande partie aux Négocians Chinois. Leur retour ſe
réduit à quelques bois de ſandal, de ſafran,
de Gingembre & de poivre qu'une des premieres frégates qu'occupe Goa recueillit
ſur la côte du ſud. La ſeconde, qui a ſa direction au nord, porte à Surate une partie
des marchandiſes venant de la Chine. Sa
navigation en Europe, preſqu'anéantie, ſe
réduit à un petit nombre de vaiſſeaux qui
arrivent tous les ans des Indes, dont la car-
gaiſon eſt de peu de valeur.

« Tel est l'état, dit l'Auteur de l'Histoire
» philosophique, de dégradation où font
» tombés les hardis navigateurs qui décou-
» vrirent l'Inde, & les intrépides guerriers
» qui la subjuguerent. Le théatre de leur
» gloire & de leur opulence est devenu
» celui de leur ruine & de leur opprobre. »

LIVRE II.

CHAPITRE PREMIER.

Découverte de l'Amérique.

Il est temps de passer à une seconde révolution, qui en influant sur l'univers entier, a changé la face de la terre. L'Histoire n'en connoît point de plus grande que la découverte de l'Amérique. Le commerce de l'Inde étoit nouveau, mais son continent ne l'étoit pas. Les Européens en doublant le cap de Bonne-Espérance, n'avoient fait qu'en abréger le chemin. Mais l'Amérique n'étoit point connue ; on n'avoit pas même l'idée qu'elle existât.

Un homme imagina, on ne sauroit trop dire sur quel fondement, qu'il devoit y avoir un autre monde que celui qu'on habitoit. L'Astronomie elle-même étoit contraire à cette opinion. On croyoit alors fermement que la terre étoit immobile, que c'étoit le soleil qui tournoit autour de notre planette. Tout Philosophe qui croyoit le contraire, étoit regardé comme un hérétique qui devoit être puni par les Loix. Galilée en fit une triste expérience en Italie. Cet âge d'ignorance qui formoit alors un préjugé dans l'opinion des hommes, étoit entiérement contraire à cette découverte. Cependant Christophe Colomb né à Gênes, qui étoit cet homme, soutenoit hardiment qu'il devoit y avoir un autre monde. Tous les gens à projets ont une facilité étonnante pour persuader souvent ce qu'ils ignorent. On eût bien embarassé cet Italien, si on l'eût obligé d'expliquer les principes de son système d'un nouveau monde.

Il s'adressa à plusieurs Puissances de l'Europe, qui le prirent pour un visionnaire. En effet, proposer aux Rois un nouveau monde, étoit une idée trop absurde pour être reçue. Cependant l'Espagne lui permit d'aller en prendre possession, s'il existoit,

ainſi que des nations qu'il contenoit. Rien
ne prouve mieux que les plus grands événemens dépendent des plus petites choſes,
que ce qui arriva alors. Après une longue
navigation toujours ennuyeuſe lorſqu'elle
n'eſt pas animée par l'eſpérance, les Equi-
pages de Colomb commencèrent à douter
de trouver ce qu'on cherchoit. Ils murmu-
roient contre leur Amiral qui les avoit en-
gagés dans un voyage qui les détachoit peut-
être pour jamais de leur patrie. Ils s'aſſem-
blèrent pour délibérer ſur le parti qu'on
devoit prendre. Rien de plus dangereux
dans un Vaiſſeau que ces Conſeils ſubal-
ternes ; ils tendent pour l'ordinaire à la
rébellion ; & comme les Chefs ſont privés
de l'autorité ſouveraine, & qu'il n'y a plus
de ſubordination, ils finiſſent par être ſacri-
fiés aux Matelots les plus mutins. En effet,
pluſieurs proposèrent de jetter Colomb
dans la mer. Que de délits ce crime n'eût-il
pas prévenu ? Si jamais crime eût pu être
utile au genre humain, c'eût été celui-ci. Le
Génois voyant ſe former une émeute con-

tre lui, diſſimula. Mais lorſqu'il vit que rien ne pouvoit le ſauver, il déclara hautement que ſi dans trois jours, on ne découvroit pas la terre, on retourneroit en Europe. Les Hiſtoriens ont voulu lui faire l'honneur de ſavoir qu'il n'en étoit pas loin. Il découvroit, a-t-on dit, depuis quelques temps le fond avec la ſonde. Cette regle n'eſt pas toujours ſûre; mais heureuſement pour lui, & malheureuſement pour l'Europe, elle ſe trouva juſte: il découvrit l'Amérique. Colomb en ajoutant une quatrieme partie au globe, étonna l'univers. Il s'émpara du nouveau monde, & des nations qui le compoſoient.

Aucun Gouvernement, aucun Prince, peut-être aucun homme en Europe ne penſa alors qu'il étoit injuſte d'aller troubler la paix de la terre; il n'y eut pas un ſeul mortel qui ſoupçonnât que de toutes les entrepriſes que la politique avoit formées depuis la création, celle-ci étoit la plus injuſte; qu'elle portoit avec elle un caractere de barbarie & d'inhumanité qui devoit flétrir à jamais la nation qui la formeroit. Quoique la Philofophie morale n'eût pas encore déployé les grands principes qui ont depuis diffipé les ténebres de l'ignorance, les hommes étoient affez éclairés pour favoir que, chez toutes les nations de l'univers, il y a un droit des gens inviolable, fondé fur la nature, qui eft la bafe fur laquelle appuient tous les Gouvernemens. Que fi dans cette entreprife, la plus bizarre qui fût jamais entrée dans l'efprit humain, on vouloit oublier les loix de la terre, il falloit fe fouvenir de celles du Ciel ; c'eft-à-dire, que l'Auteur de la nature, en créant le monde, avoit rendu libres tous les hommes qui l'habitoient ; que le grand Architecte l'avoit divifé en autant de fociétés indépendantes, que c'étoit un crime de leze-majefté du peuple, de vouloir le foumettre à d'autres loix, à d'autres maximes & à un autre gouvernement que celui qu'il tenoit de fon Ciel & de fa pofition. C'eft à quoi

perſonne ne penſa ; & comment y auroit-
on penſé alors, puiſqu'on n'y penſe pas aujourd'hui, que la Philoſophie & la raiſon
ont éclairé les hommes & les Rois ?

Si les Européens furent ſurpris de voir
une race d'hommes dont ils n'avoient aucune idée auparavant, les Américains ne
le furent pas moins de leur côté, en voyant
des êtres qui leur paroiſſoient d'une autre
eſpece. Mais ſi l'admiration fut extrême d'un
côté, le mépris fut plus grand de l'autre.
Si Colomb avoit eu ſur ſon bord un Philoſophe, ou qu'il l'eût été lui-même, au lieu
de mépriſer ce peuple, il l'eût eſtimé. Bien
loin de ſe méfier de ces Etrangers qu'ils ne
connoiſſoient pas, ils les reçurent comme
des amis qui venoient les viſiter. Avec des
barbares qui ont de tels ſentimens d'humanité, il n'y a que quelques uſages à vaincre
pour les civiliſer.

Les compagnons de Colomb cherchoient
de l'or, & n'en trouvant point, ils mépri-
ſerent des hommes qu'ils auroient dû chérir.

On sait les démêlés que ces sauvages, irrités par la cruauté des Espagnols, eurent
avec eux.

Les établissemens que cette nation fit
dans le nouveau monde, appartiennent à
l'Histoire d'Espagne.

CHAPITRE

CHAPITRE II.

Découverte du Bréfil.

ON fait que Colomb n'avoit qu'un pas à faire pour arriver au Bréfil, & qu'il ne le fit pas. La gloire de cette découverte étoit réfervée à Alvarez Cabral, fi c'en eft une d'aller forcer la nature jufques dans fes derniers retranchemens. Cette célebre découverte fut due au hafard, comme la plupart de celles qui ont contribué aux plus grands événemens de ce monde.

Alvarez cherchoit tout autre chofe, lorfqu'il trouva le Bréfil. Il en prit poffeffion fans favoir trop l'ufage que le Portugal en feroit. C'eft un continent immenfe de l'Amérique méridionale. Il n'a gueres moins de douze cens lieues de côtes, & peut-être autant de profondeur.

On lui donna le nom de *Bréfil*, à caufe d'un bois qu'il produit propre à la teinture. Il eft étonnant que l'arbre le plus commun de ce nouveau monde ait été la premiere origine de sa dénomination. C'est ainsi que les moindres choses servent à fixer nos idées sur les plus grandes.

La Cour de Lisbonne fit d'abord peu de cas de ce vaste continent; elle ne savoit pas alors l'avantage qu'elle pourroit en retirer un jour. Toutes les premières découvertes ont laissé des doutes sur leur utilité.

Le Gouvernement ne regarda d'abord ce vaste continent, que comme une large prison propre à y exiler les criminels, ainsi que la Russie aujourd'hui envoie les siens en Sybérie. Mais il ne le destina à cet usage qu'après s'être assuré qu'il n'avoit point de métaux, car dans toutes les longues cour-ses qu'on faisoit dans ces temps-là au bout de la terre, on alloit toujours à la découverte de l'or.

Ce Royaume y envoyoit tous les ans des vagabonds & des bandits, & en recevoit en échange des singes & des perroquets. De tous les commerces que les hommes firent d'un continent à l'autre, il n'en fut point de plus inutiles que celui-ci.

On n'y vouloit encourager aucune plantation qui pût nuire au commerce des Indes, tant on le croyoit fupérieur à celui de
l'Amérique.

Ces hommes de débauche, flétris par les
loix, bannis de la fociété civile, privés
des femmes Européennes, fe marierent
avec des fauvages Américaines, qui, retirées avec eux dans les bois, leur firent
éprouver cette vraie liberté qui ne fe trouve
peut-être qu'au milieu des forêts ; du moins
celle des premiers hommes ne fe forma
jamais dans les villes.

De tout temps & dans tous les pays de
la terre, les femmes ont jetté les premiers
fondemens de la fociété. Leur douceur,
leur patience, leur modération, ces agrémens du corps & de l'efprit, cette néceffité que la nature a mife en nous de les
voir, les befoins phyfiques qui nous y portent, ce charme irréfiftible qui nous attache à elles par l'attrait du plaifir, ont précédé les loix politiques & civiles.

L'Inquifition qui n'auroit jamais dû s'établir dans l'ancien monde, passa dans le nouveau. Elle remplit le Bréfil de criminels. Ce Tribunal crut sans doute qu'il ne pouvoit établir son autorité suprême, qu'en donnant un spectacle de sa puiffance : il lui falloit tous les ans une foule de victimes. Celles qui échappoient à la mort en Europe, étoient envoyées en exil en Amérique : Sentence mal combinée, quand même elle eût été jufte ; car fi c'étoit de mauvais Chrétiens, il falloit les retenir dans le monde Catholique pour les rendre orthodoxes, & non pas les envoyer dans un continent où le chriftianifme n'étoit pas établi. Toute peine qui achève de rendre les crimes plus atroces, n'eft pas tirée de la nature des chofes.

Il eft vrai que le Portugal étoit rempli alors de mauvais croyans ; mais il falloit les convertir au lieu de les brûler ; encore moins les envoyer dans un pays où ils devoient achever de devenir infidèles. C'eft ainfi que les conftitutions qu'on croit propres à faire un grand bien, font souvent la ſource de beaucoup de maux ; car il n'eſt guere probable que ce Tribunal , érigé ſous le regne de Ferdinand & d'Iſabelle , & enſuite adopté par Jean III , eût alors d'autres vues que celle de ramener à la foi les Eſpagnols & les Portugais qui s'en étoient écartés.

Les Sauvages , qu'on appelloit de ce nom parce qu'ils alloient nuds , qu'ils n'avoient point de barbe , & que leur peau étoit de couleur de cuivre , vivoient heureux , parce qu'ils ne connoiſſoient pas l'ambition qui empêche de l'être. Partout, l'acquiſition des richeſſes eſt le tombeau du bonheur , ſoit dans la ſociété générale , ſoit dans la vie privée. Comblez un homme de bienfaits , le premier ſentiment que vous lui inſpirez , c'eſt de les conſerver : ce ſont de nouveaux intérêts que vous lui donnez à défendre , vous faites naître en lui de la méfiance , de l'inquiétude ; or toute ame agitée ne jouit point.

Il faut que vous ſoyez bien inſenſés ,

difoient les mêmes Sauvages aux Européens, de venir de fi loin pour nous enlever des richeffes que nous méprifons.
Ils auroient pu ajouter : il faut que vous
foyez bien cruels, de venir nous ôter notre
liberté derrière le globe, où la nature a
pris foin de nous cacher.

Il y avoit cette différence entre la découverte des Indes & celle de l'Amérique,
que dans la première, les hommes avoient
une conftitution fondamentale, au lieu que
les peuples de la feconde n'avoient ni loix ni
forme de gouvernement. Comme les Bré-
filiens étoient dans le premier état de nature, propres à recevoir les premières im-
preffions qu'on auroit voulu leur faire recevoir, on pouvoit leur donner une religion, des loix & une police femblables à
celles des Européens. On ne fit rien de
tout cela, ou pour mieux dire, on fit le
contraire de tout cela. Les premières mœurs
qu'on leur donna, furent des femences de
vices qui les corrompirent.

Si on ne découvrit pas d'abord de l'or

au Bréfil , on y trouva un tréfor bien plus eftimable que ce métal : des cannes à fucre , dont les premières tiges furent apportées de l'ifle de Madère. Il faut que la tranfmigration des plantes ait fuivi celle des hommes ; du moins il eft probable , que tant que les portes de l'univers reftèrent fermées , chaque femence refta à la place où la création l'avoit fait naître. C'eft un grand problême , de favoir fi le mélange qui s'en fit à la communication des nations , fut un avantage pour le genre humain ; du moins il y a des fimples fort-falubres dans un pays , qui font un poifon très-fubtil tranfportées dans un autre.

Comme le fucre devint un befoin qui fe communiqua par-tout , la plantation des cannes du Bréfil fut un objet très-confidérable pour le Portugal. A cette récolte, la Cour de Lisbonne qui avoit regardé ce vafte continent comme propre à rien , commença à croire qu'il pouvoit être utile à quelque chofe. Dès-lors , on jugea le Bréfil fufceptible d'une adminiftration. Il eft étonnant qu'on ne l'ait pas jugé plutôt, & qu'on ait dû cette attention à quelques plantes. On y envoya Thomas de Sousa, homme de capacité & de génie, qui fut chargé de conduire & de diriger le nouveau monde. Il voulut connoître les naturels du pays avec qui il devoit traiter : ce n'étoit pas une petite entreprise. Les nations Européennes qui ont à peu près la même Religion, les mêmes coutumes, les mêmes manières, les mêmes usages, ne font pas difficiles à connoître : il n'est question que des gradations qui se trouvent de l'une à l'autre ; mais il n'en est pas ainsi des Sauvages, qui font les antipodes, si l'on peut s'exprimer ainsi, des peuples civilisés. On voit bien les effets de leurs mœurs, mais on n'en connoît pas la cause. On pourroit douter si, les relations qui se trouvent dans les meilleurs Historiens sur le caractère des Américains, leur ressemblent. Pour juger ce que font les Sauvages, il faudroit l'être. La nature ne se plie pas ainsi aux maximes étrangères. Prétendre

que les habitans de ces nouveaux mondes prennent le génie des Européens,
c'eſt vouloir que l'Europe produiſe des
plantes & des fruits de l'Amérique. Dans
les remarques ſur ces peuples, il faut toujours partir de la ligne : c'eſt là que le monde phyſique ſe ſépare en deux moitiés
pour ne ſe réunir jamais. Les Sauvages du
Paraguais, qui, à ce qu'on nous dit, étoient
devenus ſi doux, ſi humains, ſi affables,
ſi civiliſés, auroient à la fin quitté un caractère qui leur étoit étranger, & s'en ſe-
roient enfuis dans les bois avec leurs frères,
où ils auroient retrouvé leurs mœurs &
leurs manières.

CHAPITRE III.

Deux Nations maritimes veulent s'établir au Bréfil.

LES François parurent un moment au Bréfil. Ils avoient formé le deffein d'enlever ce nouveau monde au Portugal qui avoit femblé d'abord n'en faire aucun cas; mais ce ne fut qu'un effai. C'eft affez le caractère de cette nation légère & inconftante, de commencer une entreprife avec chaleur, & de la finir avec froideur.

La Hollande devenue Puiffance, & par conféquent jaloufe de la fortune des autres Etats, forma fur le Bréfil un deffein plus fuivi, plus méthodique; elle réfolut de fe l'approprier. De tous les crimes qui entrent dans cette malheureufe fcience qu'on appelle *politique*, il n'en eft point de plus noir que celui-ci. On fait des loix pour affurer la propriété de chaque particulier:

il eſt étonnant qu'il n'y en ait point pour mettre les Etats à couvert de l'uſurpation. Cependant une ſociété entière vaut mieux qu'une propriété particulière : mais celle-ci n'a point de gros canon , & un Gouvernement qui fait la guerre en a.

Le Portugal avoit changé de Maître. Philippe II avoit uſurpé cette Couronne, ainſi que le Bréſil ; ce qui étoit un nouveau motif pour la Hollande de s'en emparer. Cette République ne pouvoit acquérir de la force, qu'en affoibliſſant celle de l'Eſpagne, de tout temps ſon ennemie. A peine la flotte des Provinces-Unies parut-elle à l'Amérique, que le Bréſil fut en danger. Ce n'étoit pourtant qu'une Compagnie de Marchands qui conduiſoit cette entrepriſe militaire, ce qui fit qu'elle échoua. On revint à la charge quelques années après , & elle réuſſit.

Le Général Henri Lonk commença la conquête, & Maurice de Naſſau la finit. Alors les richeſſes des nouveaux mondes, au lieu de ſe rendre à Lisbonne , prirent la route d'Amsterdam, qui devint à son tour le premier magasin du commerce.

Le Portugal, qui avoit d'abord regardé le Bréfil comme un pays inutile, dont il avoit presque formé le deffein d'abandonner l'acquifition, fit alors des efforts prodigieux pour rentrer en fa poffeffion. Il n'étoit plus queftion de cette colonie, il s'agiffoit des Hollandois, dont on vouloit fecouer le joug, & qu'on haïffoit perfonnellement. Il ne faut fouvent qu'un nom, pour ranimer l'ardeur des nations. Celui des Romains faifoit un effet prodigieux chez les Carthaginois.

Au milieu du fiécle paffé, le nom de Louis XIV rendoit les Anglois furieux : ils fe battirent pendant trente ans pour l'effacer de la mémoire des hommes.

On leva une grande armée à Lisbonne : on mit en mer une flotte confidérable : on ramaffa un grand tréfor pour une guerre dans laquelle on ne s'engageoit que par oftentation. Si la Cour de Lisbonne avoit fait la même dépenfe pour rétablir le Por-

tugal, ce Royaume fût devenu très-puif-
fant. Les Portugais irrités contre l'Efpagne, placèrent le Duc de Bragance fur
le trône. Ce Seigneur auroit mieux aimé
qu'on l'eût laiffé dans la claffe des particuliers ; car quoique l'ambition foit la paffion dominante de tous les hommes, il y
en a dont la philofophie éleve l'ame
au-deffus des couronnes. Cette révolution
changea le fyftême de l'Europe. Le nouveau Souverain conclut un traité pour dix
ans avec les Provinces-Unies, qui cependant reftèrent maîtreffes de leurs poffef-
fions au Bréfil. La République choifit entre
fes fujets trois Rois pour diriger fon nouvel Empire. L'un étoit un Marchand
d'Amfterdam ; l'autre, un Orfevre d'Har-
lem ; & le dernier, un Charpentier de
Mildelbourg. C'eft ainfi que dans les Républiques on parvient à l'autorité fuprême.
Des hommes élevés derrière un comptoir
ont rarement les qualités propres à gouverner un Etat : ils peuvent avoir les vertus économiques, mais pour les politiques,
elles leur manquent totalement.

Ceux-ci occupés des gains & des profits , enfoncés dans des détails de commerce , laissèrent tomber en ruines les fortifications des villes ; ne penfant qu'à l'argent, aux moyens d'en acquérir, & aux monopoles pour en avoir , ce qui révolta la colonie au point qu'elle prit les armes. Jean Fernand de Viera, Portugais, d'une naiffance obfcure , mais dont les vertus ont de l'éclat, fe met à la tête d'un parti qu'il forme à la hâte ; & , fans perdre de temps , fond fur les Hollandois , & les bat en bataille rangée. Mais la paix fait éprouver un nouveau mal. Pour la conclure , le Portugal s'oblige de payer huit millions aux Provinces-Unies : c'étoit fortir d'une fervitude pour rentrer dans une autre.

Délivrée des Hollandois , la Cour de Lisbonne cherche à civilifer les nations du Bréfil qui font encore barbares. On diminue les taxes ; on les affranchit de plufieurs impôts ; on les décharge du tribut de la glaive , qui rend l'homme efclave de la terre : mais il étoit trop tard. Chez les nations pauvres, où les arts ne font pas introduits, tout dépend du moment.

A la découverte de l'Amérique par les Européens, les Sauvages connurent les aifes & les commodités de la vie : il n'en fallut pas davantage pour les corrompre. A des hommes à qui le néceffaire fuffit, il ne faut pas donner un fuperflu, parce que celui-ci fait naître en eux de nouveaux defirs, qui font la fource des vices. On habilla ces nations qu'il falloit laiffer nues. On ne fauroit croire combien l'habillement influe fur les mœurs d'un peuple qui n'a jamais été vêtu. C'eft quelque chofe de prodigieux, que l'afcendant que ce nouveau luxe a fur fon ame. Un caleçon, une ceinture, fait le même effet chez eux, qu'une mode fuperbe chez les Européens. On les logea dans des cabannes plus commodes que celles qu'ils avoient auparavant : on leur donna du goût pour l'eau-de-vie ; autant de befoins dont ils ne purent plus fe paffer.

Les Portugais remontent la riviere des

Amazones , dont le nom a donné lieu à
tant de fables. Pour s'établir , il faut faire
la guerre à plufieurs nations qu'on trouve
fi foibles , qu'on les prend pour des Amazones, race de femmes qui n'a jamais exif-
té que dans l'imagination des hommes ,
ainfi que tant d'autres chofes qui n'ont pas
eu une exiftence plus réelle. Ce fleuve conduit les Portugais à la rivière de la Plata ,
où ils employèrent des travaux & des peines infinies pour y parvenir. On difoit que
cette nation, qui avoit beaucoup perdu
de fon activité dans l'ancien monde, vouloit la reprendre dans le nouveau. Si en
Europe il lui avoit fallu reculer fes frontières de quelques lieues du côté de l'Efpagne , elle n'eût trouvé aucune émulation ; au lieu qu'en Amérique elle s'occupoit continuellement des découvertes au
loin. Voilà les gouvernemens ; voilà les
hommes toujours en contradiction avec
eux-mêmes.

De toutes les fautes que fit le Portugal
à la découverte de ce nouveau monde, la
plus

plus grande fut de ne pas fe borner à la culture des denrées du Bréfil, qui feules pouvoient lui donner des richeffes fupérieures à celles qu'il avoit retirées autrefois du commerce des Indes. Le fucre eût fuffi feul pour l'enrichir. Déjà cette colonie en recueilloit affez pour la confommation de fa Métropole & de plufieurs Etats étrangers. Le tabac, devenu un luxe univerfel, pouvoit augmenter confidérablement les revenus de l'Etat : il fuffifoit d'en multiplier les branches, & de donner à meilleur marché que les autres nations, pour avoir la préférence : c'eft toûjours du bas prix que dépend la confommation. Le cacao, qui dans plufieurs continens du Bréfil naît fans culture, ne donne d'autre peine au Colon que celle de le cueillir. Son coton, fupérieur à celui des Indes, lui fuffifoit pour faire un commerce d'autant plus avantageux, que tous ces genres tiroient leur abondance, ainfi que leur qualité, du phyfique. Lorfqu'une colonie a des denrées uniques, elle

peut faire la loi aux nations qui en manquent & qui en ont befoin. Un Colbert
en eût tiré de grands avantages pour la
France ; mais le Portugal, qui avoit toujours d'habiles Amiraux, n'eut jamais de
bons Miniftres.

Un luxe prodigieux finit de détruire
des fortunes que le commerce n'avoit fait
que commencer. C'eft une efpèce de maladie attachée aux nouveaux Mondes, d'y
vivre avec plus de fplendeur que dans l'ancien ; foit que les Colons veuillent s'in-
demnifer par-là de la perte des agrémens
dont ils pourroient jouir dans leur patrie,
ou que le climat y porte à l'oftentation.
Quoi qu'il en foit, dans tous les temps on
vit au Bréfil des Portugais, nés en Europe
dans l'obfcurité & la baffeffe, vivre en
Amérique dans un fafte & une grandeur
que les premiers Seigneurs de Lisbonne
n'euffent pas ofé étaler à la Cour.

La corruption des mœurs, inféparable
des richeffes, y gagna toutes les claffes,
parce que toutes les claffes cherchèrent à

fe diftinguer par un grand luxe. L'amour,
qui dans tous les pays chauds y eft le dé-
lice & le poifon de la vie, y fut toujours
accompagné de cette débauche qui le rend
méprifable.

Cependant la Cour de Lisbonne pouvoit
racheter tous fes maux par une meilleure
police. Toutes les colonies font fufcepti-
bles de réformes ; il fuffit de corriger les
vices dans leur fource. C'eft fans doute ce
que cette Cour alloit faire, lorfque tout
changea de face dans le nouveau Monde.

CHAPITRE IV.

Découverte des mines d'or.

CET événement eut des suites terribles : on découvrit des mines d'or; alors tout fut perdu. Il n'y eut plus ni loix , ni réglemens en état de prévenir les effets de ce funeste métal.

Si lors de cette découverte il y avoit eu un grand Roi sur le trône du Portugal , il eût fait ce que fit ce sage Empereur de la Chine , à qui on proposa un pareil trésor qu'il refusa, disant qu'il ne vouloit pas employer ses sujets à un travail qui n'étoit ni la nourriture ni le vêtement. L'homme est trop foible pour ne pas faire un mauvais usage de l'or , lorsqu'il l'a de la première main , & qu'il ne lui coûte d'autre peine que celle de le retirer de la terre. Un peuple qui , par ce métal , a le moyen de se livrer à ses passions, va au plus pressé ,

qui eft de les fatisfaire. De-là , la fainéan-
tife , l'oifiveté , la pareffe , l'abandon de
l'agriculture , des arts ; vices qui de tout
temps ont été ceux des nations à mines :
plus celles-ci font abondantes , & plus ces
vices fe multiplient. Il eft étonnant que les
Princes qui font de femblables découvertes dans leurs Etats ou dans leurs Colonies , ne confultent pas les annales. A quoi
fert l'Hiftoire , fi on ne l'applique pas aux
caufes qui de tout temps ont produit les
mêmes effets ?

Rien ne prouve mieux la fatalité aveugle qui préfide aux événemens de ce monde , que la découverte de ce métal. C'eft
le hafard qui la fit ; & c'eft ce même hafard , dont perfonne ne prévit alors les
effets , qui changea le fort du Portugal.
Quelques petites pailles d'or qu'on apperçut fur la furface de la terre , firent juger
qu'il devoit y avoir des mines cachées
dans quelqu'endroit du continent. L'imagination s'échauffa : on chercha , on fouilla par-tout : à force de travail & de peines

(car l'avarice n'épargne aucune fatigue pour trouver un tréfor) on découvrit que les torrens, en fe précipitant des hauteurs, entraînent après eux quelques parties détachées de ce métal. Alors on grimpe fur les montagnes les plus élevées : on y trouve des rochers qui contiennent des mines ; mais il faut les exploiter. La cupidité, enfant de l'avarice, & mère du calcul, en fuppute les frais, qui font fupérieurs aux profits. On fe borne aux rivières, qui dans tous les pays du monde entraînent de l'or dans leur courant, fans favoir d'où il vient, mais jamais de l'argent ; ce qui prouve que ces deux métaux, dans leur création, font d'une nature différente, puifque l'un parcourt la terre, & l'autre refte dans fa mine jufqu'à ce qu'on l'en retire.

Les Nègres deftinés de tout temps à être les inftrumens du luxe du Portugal & des autres Etats de l'Europe, furent condamnés à ce travail, dont ils s'acquittèrent avec cette obéiffance attachée à la fervitude.

On trouve dans le meilleur Livre que nous ayions (1) la caufe de l'impuiffance phyfique de cette richeffe.

« L'or & l'argent, dit l'Auteur de ce
» Livre, font une richeffe de fiction ou de
» figne. Ces fignes font très-durables, &
» fe détruifent peu, comme il convient à
» leur nature ; plus ils fe multiplient, plus
» ils perdent de leur prix, parce qu'ils
» repréfentent moins de chofes. L'argent
» doubla en Europe ; ce qui parut, en ce
» que le prix de tout ce qui s'acheta fut
» environ du double. Dans le double du
» temps, l'argent doubla encore, & le pro-
» fit des mines diminua même plus de la
» moitié : voici comment :

» Pour tirer l'or des mines, pour lui
» donner les préparations requifes, & le
» tranfporter en Europe, il falloit une dé-
» penfe quelconque ; je fuppofe qu'elle fût
» comme 1 à 64. Quand l'argent fut dou-
» blé une fois, & par conféquent la moitié

____

(1) L'Efprit des Loix.

K 4

» moins précieux, la dépense fut comme
» 2 à 64. Ainsi les flottes qui portèrent en
» Europe la même quantité d'or portoient
» une chose qui réellement valoit la moitié
» moins, & qui coûtoit la moitié plus. Si
» on suit la chose de doublement en dou-
» blement, on trouvera la progression de
» la cause de l'impuissance de cette richesse.
» Voilà celle du Portugal causée par ses
» mines ».

Il est temps de passer au régne de Jean V,
dont nous allons parler dans le Chapitre
suivant.

CHAPITRE V.

Jean V.

LES Rois, en commençant leur régne, sont
si près de cet âge où les plaisirs, les amusemens & les passions s'emparent de leur
ame, qu'on peut regarder comme un grand
Monarque celui qui, en montant sur le
trône, y apporte les vertus propres à diriger l'Empire.

Jean V fit voir d'abord des qualités
dignes du diadême. Le commencement de
son régne fut des plus heureux : il porta
la main sur tous les endroits foibles de la
monarchie, & les rétablit par une administration aussi sage que laborieuse : il mé-
prisa ces vertus militaires qui élèvent un Etat
à la grandeur au bruit du canon : il ne leva point de troupes, & ne forma point de
corps d'armée : il regarda la guerre comme
le plus grand fléau du genre humain. Ce-

pendant la fermeté qu'il montra aux Puiſſances étrangères, accoutumées à donner
la loi à ſes prédéceſſeurs, leur fit préſu-
mer que le Portugal avoit un Roi. Dès-
lors la nation Portugaiſe conçut des eſpé-
rances qu'elle n'avoit pas encore eues ;
mais elles furent bientôt évanouies par le
caractère du cœur humain, qui joint les
plus grandes foibleſſes aux plus grandes
vertus.

Peut-être Jean V eût-il acquis plus de
gloire, s'il n'avoit eu devant lui le régne de
Louis XIV. Ce Prince qui venoit de deſcendre dans le tombeau, avoit donné à ſon
ſiécle un air de grandeur & d'opulence
dangereux pour les autres Souverains. Il
eſt vrai que tous les Rois portent la Couronne ; mais toutes les couronnes ne ſont
pas taillées ſur le même modèle. Celle du
Monarque François qui alloit à ſon front,
ne devoit pas aller à celui d'un autre. Toute
Puiſſance eſt relative. Un Roi qui poſſède
un vaſte domaine, peut faire des choſes
qu'un petit Souverain n'eſt pas en état d'entreprendre.

Louis XIV étoit un mauvais modèle pour Jean V. L'élévation de celui-là ne devoit pas être l'élévation de celui-ci ; comme le luxe de l'un ne devoit pas être le luxe de l'autre.

On va ſentir la différence de ces deux Puiſſances, par le contraſte qui ſe trouvoit dans les moyens qui devoient ſervir à les former. Le Roi de France, en établiſſant les arts de ſuperfluité, enrichiſſoit ſon Royaume ; Jean V, en encourageant les ſiens, appauvriſſoit le Portugal. L'un augmentoit l'induſtrie nationale ; l'autre la diminuoit : c'eſt que le premier trouvoit tout dans ſon crû, & que le ſecond tiroit tout de chez l'étranger.

Ce Prince ne vit point la puiſſance du Portugal où elle étoit, & il la vit où elle n'étoit pas : il voulut donner de l'éclat à ſa Monarchie par l'endroit même qui devoit la faire dégénérer. Ses profuſions, ſa magnificence, ſon luxe s'étendirent dans tout le Royaume, & ſe communiquèrent à toutes les claſſes. L'inconvénient n'eſt pas qu'un Roi dépense, le mal eſt que ſes ſujets veulent l'imiter. La Cour eſt un miroir où chacun ſe regarde : or, lorſque la glace eſt louche, tout le monde ſe voit de travers : le ſujet veut faire dans ſa maiſon, ce que le Prince fait dans ſon Palais.

C'eſt toujours par la corruption des mœurs que l'Etat civil dégénère. Les Maures qui avoient dominé long-temps en Portugal étant Mahométans, avoient ſéparé les femmes des hommes, ce qui convenoit parfaitement à ce Royaume, dont le ciel reſſemble aſſez à celui d'Afrique. Cet uſage étoit reſté après leur expulſion, & c'eſt peut-être ce que ces barbares avoient laiſſé de mieux. Jean V ôta cette barrière ; il rapprocha les deux ſexes par des fêtes galantes ; il établit des aſſemblées, & fit ouvrir les théâtres, où les femmes ſe trouvèrent vis-à-vis des hommes. Ce ſexe goûta un genre de vie qui lui rendoit ſon caractère. Le deſir le plus vif dans les femmes, eſt celui de voir & d'être vues, parce que c'eſt toujours par les yeux que

naiſſent ces paſſions déſordonnées dont
les Aſiatiques ſe ſont affranchis par lá clô-
ture. Si quelque continent de la terre demandoit cette ſéparation, c'étoit le Portugal. Plus un ſexe a d'agrément, plus la
nature l'a embelli, & plus il faut mettre
de bornes à la ſociété. Car tel eſt l'effet de
cette fréquentation, qu'elle corrompt le
cœur par l'endroit même qui le charme.

En général, les Portugaiſes ſont belles.
Toutes, ou preſque toutes, ont de beaux
yeux, de belles dents, de la phyſionomie,
de l'eſprit, ſur-tout de celui qui plaît tant
aux hommes, je veux dire, de rendre
leurs idées avec autant de facilité que d'a-
grément On peut les voir tous les jours,
ſans craindre cet ennui qu'on éprouve ordinairement avec les femmes des autres nations qu'on voit trop ſouvent. Ce ſont
peut-être les ſeules de l'Europe où la nature ſe développe ſans le ſecours de ces
charmes étudiés, moins propres à faire
connoître ce que les femmes ſont, qu'à
dire ce qu'elles ne ſont pas. Elles ignorent

ces ouvrages d'imagination qui donnent presque toujours une fausse idée des passions de l'ame. Elles lisent les hommes dans les hommes , & non pas dans les livres qui ne les connoissent pas. Tout leur savoir se réduit à découvrir l'ascendant qu'elles ont sur eux. Les Portugaises n'adoptent pas une certaine manière de s'habiller ni de se coëffer , sous prétexte que c'est la mode : elles ne se rendent point laides , parce que quelques femmes de mauvais goût se permettent de l'être. Chaque Portugaise consulte son visage , & non pas celui d'une autre; ce qui est la première mode , & la seule qui, à Lisbonne, soit toujours à la mode.

On doit juger de-là , combien les passions y sont vives , par la raison peut-être qu'elles sont plus vraies. L'amour allemand se borne au physique : l'italien se réduit à la corruption. La galanterie françoise n'est pas l'amour, mais le perpétuel mensonge de l'amour , qui n'a d'autre objet que la satisfaction des sens, & qui finit avec cette fatisfaction. Tous ces goûts paſſagers ne font qu'une débauche du cœur, au lieu que l'amour portugais eſt un ſentiment de l'ame qui l'agite & la trouble dans la Proportion qu'il eſt ſincère. Il eſt triſte que la plus douce des paſſions, la ſeule qui puiſſe faire le bonheur de la vie, ſoit la plus dangereuſe.

Il arriva alors au Portugal, ce qui eſt arrivé à toutes les nations de l'Europe, qui ont dégénéré dans la proportion qu'on a voulu les rapprocher d'elles-mêmes. On auroit obligation à un Philoſophe moderne qui donneroit l'analyſe des vices qui ont déshonoré la ſociété, depuis qu'on a voulu rendre les hommes plus ſociables : on verroit dans ce tableau la France ſe corrompre au moment que François Ier la rendit plus gaie ; l'Angleterre perdre ſes vertus caractériſtiques, lorſque Charles II eut établi les aſſemblées publiques, & fait ouvrir les théâtres : on y verroit la Ruſſie remplie de vices & de défauts depuis que Pierre Ier l'eut civiliſée ; & le Portugal changer de

mœurs, après que Jean V eut mis la société Portugaise au niveau des autres nations de l'Europe.

A la révolution qui sépara le trône du
Portugal de celui de l'Espagne, le Duc
de Bragance n'avoit fait qu'essayer la couronne dont il avoit dédaigné l'éclat. Pierre,
qui régna après lui, avoit presque ignoré
qu'il étoit Roi. Mais Jean ayant voulu
régner en Monarque, sa Cour se remplit
de courtisans, c'est-à-dire, de ces hommes
avides d'autorité & de grandeurs, dont
l'ambition & les vices passèrent dans toutes les classes. Pour juger de la contagion,
il suffit du portrait qu'un Philosophe moderne (1) fait des courtisans.

« L'ambition dans l'oisiveté ; la bassesse
» dans l'orgueil ; le desir de s'enrichir sans
» travail ; l'aversion pour la vertu, la flat-
» terie, la trahison, la perfidie, l'abandon
» de tous ses engagemens, le mépris des

---

(1) Montesquieu, dans l'Esprit des Loix, liv. III,
pag. 48.

» devoirs

» devoirs du citoyen, la crainte de la vertu
» du Prince, l'efpérance de fes foibleffes,
» & plus que tout cela, le ridicule jetté
» fur la vertu, forment le caractère du plus
» grand nombre des courtifans. Or il eft
» très-mal-aifé que les principaux d'un
» Etat foient mal-honnêtes gens, & que
» les inférieurs foient gens de bien; que
» ceux-là foient trompeurs, & que ceux-ci
» fe contentent de n'être que dupes ».

L'adulation, la flatterie, la duplicité devinrent des vices communs en Portugal;
ceux-ci prirent la place de cette franchife
& de cette probité qui, dans les premiers
temps, avoient formé le caractère des Portugais.

Quelqu'élévation que ce Prince voulût
donner à l'Etat politique, fon régne fut
celui de la main-morte. L'établiffement
de la Patriarchale épuifa le tréfor royal.
Lorfqu'on lit avec attention l'Hiftoire du
Portugal, depuis la révolution qui plaça
ce Royaume au rang des Puiffances de
l'Europe, on trouve que chacun de fes

Tome I. L

Rois lui imprima son caractère. Le premier, Alphonse, en fit un Gouvernement guerrier ; Sébastien, une nation composée de héros ; Jean Ier & Jean II, un peuple navigateur ; le Duc de Bragance, un Etat militaire. Il étoit réservé à Jean V de donner cette Monarchie en spectacle, par un établissement Ecclésiastique, dont on ne trouve aucun exemple dans les annales du Monde Chrétien.

Charlemagne & ses successeurs avoient fait de grands dons au Clergé Romain ; mais aucun Souverain n'avoit imaginé d'avoir une Eglise Romaine dans sa Capitale, qui eût un Chef & des Membres, sur le modèle de Saint-Pierre de Rome. Est-ce amour de Dieu, est-ce zèle pour la Religion qui porta ce Prince à faire cet établissement ? C'est ce qu'on ne sauroit dire. La vanité est si naturelle à l'homme, qu'elle le dirige dans toutes ses actions, même celles qui semblent tirer leur source de l'humilité chrétienne. La somme qu'il en coûta à ce Prince pour imiter Rome

dans ſes fonctions, eſt un ſecret qui eſt
reſté enſéveli dans le tréſor du Vatican.
Ce qu'il y a de bien poſitif, c'eſt que l'or
qu'il donna pour acheter cette diſpenſe,
employé à défricher le Portugal, eût rendu ce Royaume l'un des plus floriſſans de
l'Europe. L'épuiſement fut d'autant plus
grand, qu'il portoit ſur le numéraire. Le
Portugal ne tiroit rien, ou preſque rien
de l'Italie. Il n'avoit aucune ſorte de commerce avec cette partie du monde : il fallut
lui envoyer des eſpèces. Une nation qui
trafique avec une autre avec ſon or, ne le
perd pas ſans retour. Une nouvelle ſpécu-
lation peut le faire rentrer dans l'Etat ;
mais lorſqu'il le troque contre des Indulgences, il ne revient point, parce que les
Indulgences reſtent. Cet épuiſement de numéraire paſſa dans toutes les claſſes, & en
cauſa un dans chaque famille, dont l'influence générale porta ſur l'Etat principal.
C'eſt ainſi qu'une ſeule opération de finances mal combinée, peut couper le nerf à
la Puiſſance politique.

L 2

Ce vice fut peut-être moins dangereux pour le Portugal, que celui qu'il causa dans le cabinet de Lisbonne. Ce Prince passa trente ans à négocier avec la Cour de Rome, pour une chose qu'il n'auroit jamais dû demander si tard, ou qu'il auroit dû obtenir plutôt.

Ces longueurs rétrécirent le génie de Jean V, fait pour jouer un plus grand rôle. Un Monarque qui passe sa vie à négocier avec une Cour composée de Prêtres, perd le fil de cette politique temporelle qui doit le faire réussir à la Cour des Rois.

Il faut que je parle d'une dépense non moins dispendieuse; celle qu'il fit pour les ouvrages d'esprit, dont le nombre étoit alors prodigieux. Il fit acheter tous ceux qui avoient le plus de réputation, pour les renfermer dans un grand vestibule sans les lire : car ce Prince étoit comme la plupart des Rois, qui ne croient point aux livres. On sait que Louis XIV, le protecteur des arts, demandoit froidement à

ſes Courtiſans ; *mais à quoi ſert-il de lire ?*
On doit juger par là du cas qu'il faiſoit de
la littérature. C'eſt ſans doute à ce mépris
de la part des Souverains, qu'il faut attribuer le peu de progrès que la philoſophie
a fait ſur le trône.

Ce Prince forma une grande bibliothè-
que, qui devint inutile à lui & à ſes ſujets.
Il la rélégua dans un Cloître (1), & la dé-
voua au ſervice des Moines ; race d'hommes qui ne devroient jamais lire, ou ne lire
que dans un livre ; celui qui leur apprend
à ſe renfermer dans les exercices & les
pratiques de leur ordre.

Un Auteur moderne appelle les bibliothèques : *Des folies des hommes, orgueil-
leuſes archives.* Il vaudroit mieux les appeller, *des vanités des Rois faſtueuſes
chroniques.*

On a mis ce luxe dans nos temps modernes au nombre de ceux qui ſervent d'é-
talage à la magnificence du trône. Il y a de

______

(1) Au Couvent de Mafra.

nos jours trois Souverains en Europe qui ont douze cents mille volumes dans leurs Bibliothèques qu'on étale avec oftentation aux yeux des étrangers. On peut juger par ce nombre du fervice qu'ils auroient pu rendre à la république des Lettres, fi, au lieu de les entaffer avec art les uns fur les autres, on les eût diftribués gratuitement aux fujets adonnés aux Arts libéraux.

Il y a cet inconvénient dans les Bibliothèques Royales qu'on rend publiques; c'eft qu'elles ne font utiles qu'aux Philofophes qui vont y puifer les derniers rayons de lumières; tandis qu'elles laiffent les citoyens dans les ténèbres, à caufe de la briéveté du temps qu'on leur permet de lire, & la défenfe de déplacer les livres.

L'air de grandeur que Jean V avoit répandu fur tout ce qui l'environnoit, réveilla la vanité de la nation. Rien ne prouve mieux le goût que les Portugais avoient pour cette jactance nationale, qui fe manifefte dans une action d'éclat, que ce qui arriva au mariage du Prince de Bréfil avec une Infante d'Espagne. Toute la Noblesse qui alla le recevoir sur les frontières, y étala une magnificence dont on n'avoit pas encore vu d'exemple dans les fastes du Portugal. On y poussa la prodigalité jusqu'à habiller d'étoffes d'or & d'argent les Valets-de-chambre qui y accompagnoient leurs Maîtres. Ce n'est point une joie, que celle qui commence par la ruine de ceux qui la témoignent, mais bien une amertume qui, en se cachant au fond du cœur, se fait bientôt sentir. Plusieurs familles de Fidalgos, qui furent ruinées pour célébrer avec éclat ce mariage, ne sont pas encore rétablies. C'est dans ces occasions où il faudroit établir des pragmatiques, sur-tout dans les Etats où les arts de luxe ne sont pas encore établis.

Ce fut sous le même régne, qu'on vit cet étalage de modes & de colifichets, dont la France a donné les premières idées aux nations étrangères.

On fit venir des Tailleurs de Paris. Les Portugais s'habillèrent dans le grand goût.

On eut des Cuisiniers qui firent oublier la frugalité des premiers temps. Tout cela mène aux divertiffemens, aux jeux, aux affemblées, aux bals, à la danfe, &c. &c.

Cependant tous les genres de luxe ne s'étoient pas introduits à la fois. Il faut du temps, avant que les nations fe communiquent leurs goûts, & encore plus les arts qui doivent fervir à les corrompre. Du nombre de ceux-ci eft la mufique, qui eft toujours dangereufe, lorfqu'elle eft contraire au climat, & qu'elle ne s'accorde pas avec le génie de la nation où elle s'établit.

Les Italiens, de qui nous tenons beaucoup de bonnes chofes, & encore plus de mauvaifes, furent les premiers qui, dans nos temps modernes, donnèrent de l'émulation à la mufique. Les arts de premiers befoin ayant dégénéré chez eux, ils s'adonnèrent à ceux d'agrément, qui dans les âges de corruption font beaucoup de progrès. Quoi qu'il en foit, les Italiens, faute d'une nouvelle induftrie, passèrent chez les na-

tions étrangères, où ils vendirent leur harmonie. Comme il ne leur falloit que de
l'air pour former des fons, & avec celui-
ci compofer des chanfons, ils trouvoient
par-tout les premiers élémens de leur commerce, qui les rendoit d'autant plus riches, que la première matière ne leur
coûtoit rien. Cependant ces Marchands
d'ariètes n'avoient pas encore offert leurs
marchandifes aux Portugais. La plupart
des nations étoient chantantes, avant que
celle du Portugal fût chanter. Ce fut fous
le même régne qu'on vit arriver dans le
port de Lisbonne un vaiffeau chargé d'un
Opéra Italien venant de Gênes. Il y avoit
tout jufte autant de chanteurs & de chan-
teufes qu'il en falloit pour gâter le goût,
& corrompre les mœurs.

Platon dit qu'on ne peut faire de changement dans la mufique, qui n'en foit un
dans le Gouvernement. Ariftote, qui n'é-
toit pas toujours d'accord avec lui fur les
autres principes, convenoit de celui - ci.
Théophrafte & Plutarque étoient du même

avis. Tous les Philofophes anciens penfoient de même. Ce n'étoit pas une idée
jettée au hafard, mais une opinion générale-
lement reçue. En effet, il fuffit d'avoir les
premières notions de la phyfique, pour être
perfuadé de cette vérité. Nous tirons toutes
nos fenfations des organes du corps : or,
de toutes celles qui agitent nos fens, celle
de l'harmonie eft la plus fenfible. Affiftez
à une mufique lugubre, elle vous attriftera:
Vice versâ. Trouvez-vous à une mufique
enjouée, elle vous égaiera. Voilà donc
deux caufes qui, tirées du même principe,
ont des effets bien différens : l'une porte
l'ame à la trifteffe, l'autre la difpofe à la
joie. Quelles conféquences n'en peut-on
pas tirer pour les mœurs qui naiffent de
ces deux premieres fenfations! Il eft étonnant que les Gouvernemens qui ont créé
des Cenfeurs pour prévenir les repréfenta-
tions des piéces de théâtre dangereufes en
profe, n'en aient pas établi pour les repré-
fentations en mufique : car, dans le fond,
les ariettes ne font que des penfées dans

lefquelles on emploie des notes au lieu de lettres, avec cette différence que les notes font fouvent plus expreffives que les lettres. Voyez ce qui fe paffe tous les jours au milieu de nous, où une chanfon, une ariette, un vaudeville, un couplet fait changer l'humeur de toute une ville. Quelle impreffion ne doit donc pas faire un opéra italien en mufique, où on y emploie tant de modes ?

Quoi qu'il en foit, à peine le théâtre de l'Opéra fut-il ouvert à Lifbonne, qu'il s'y fit une révolution générale dans les mœurs. Je crois que je pourrai expliquer ceci. Après l'expulfion des Maures, les Portugais ne trouvèrent en Portugal d'autre mufique que celle que les Arabes y avoient laiffée, qui étoit fans génie & fans expreffion ; ce qui étoit un avantage pour la nation. Régle générale, chez un peuple dont le goût eft à former, un chant barbare eft moins dangereux qu'une mufique harmonieufe. Celui - là laiffe l'ame comme il

la trouve ; au lieu que celui - ci l'agite &
la trouble : or , il y a toujours à perdre dans
ces agitations qui ne font jamais fans effet ;
car ou elles calment les fens , ou elles ir-
ritent les defirs , chofe à laquelle on ne fait
pas affez d'attention. Plus une nation eft
fenfible , & moins il convient de l'agiter
d'une manière qui puiffe devenir dangereufe pour les mœurs. Mais cette théolo-
gie politique n'eft pas encore parvenue jufqu'à l'adminiftration. Il faudroit bien des
affaires pour faire entendre à ceux qui dirigent l'Empire , qu'il feroit dans l'ordre
moral d'établir une police pour prévenir
ces mauvais effets de l'harmonie ; on re-
garderoit les réglemens là - deffus comme
autant de chanfons.

Depuis Charlemagne, il s'eft formé dans
chaque Gouvernement une routine de Gouvernement, dont on ne s'écarte point ; tout
ce qui eft au-delà , fi on peut s'exprimer
ainfi , eft au profit des vices : de-là vient
qu'on voit des Etats qui , fans avoir reçu

des échecs confidérables, dégénèrent fans qu'on puiffe marquer l'époque de leur décadence.

Ce n'eft pas tout, le défordre de cette mufique nouvelle en Portugal paffa aux finances. Il y a une race d'hommes en Italie qui chantent aux dépens de leur poftérité. Ces êtres amphibies qui ne font d'aucun fexe, mais qui ont les défauts des deux fexes, mettent un prix exceffif à leurs talens. Ils lèvent des contributions énormes fur les nations qui ont affez mauvais goût pour préférer l'art à la nature. La poftérité fe fouviendra avec étonnement que dans le dix - huitieme fiécle le Portugal a acheté pour dix millions d'ariettes italiennes (1), finance prodigieufe qui s'eft perdue dans les airs.

La vie privée de Jean V fut auffi agitée que celle de fon Gouvernement politique. Ce Prince étoit fi preffé d'exifter, qu'on

______

(1) Cette dépenfe regarde plutôt le régne de Jofeph Ier, que celui de Jean V.

a dit de lui qu'il n'avoit pas le temps de vivre. Comme dans les premieres années de son régne, il gouverna par lui-même, toutes ses heures étoient marquées par quelque genre d'occupation. Il dormoit peu, & mangeoit encore moins. Il ne se mettoit presque jamais à table, prenant ordinairement ses repas debout. Prince vif, ardent, colère, emporté : la moindre résistance, qu'on lui faisoit, l'irritoit au point de lui faire oublier son rang. Il battoit ses Ministres. Mais il changeoit de caractère dans la société particulière, où il se montroit doux, affable, prévenant, rempli d'égards pour ceux qui l'approchoient, ne leur manquant jamais. Il étoit sur - tout d'une grande politesse envers les femmes, pour lesquelles il avoit des attentions infinies.

Il eut des maitresses & des favoris. Il tiroit celles-là d'un lieu où il ne falloit pas les prendre ; & ceux-ci d'une nation où il ne devoit pas les choisir. On lui reproche d'avoir donné sa confiance à Mylord Tyrawley, Anglois, qui ne manqua pas de

lui donner la plus haute eſtime de ſa nation, & de lui inſpirer du mépris pour la
ſienne; ce qui eſt un des plus grands malheurs qui puiſſe arriver à un Prince, qui doit
toujours faire plus de cas de ſon peuple,
que de tout autre.

Au milieu des travaux, des fatigues, des
ſoins, des amours, des fêtes, des plaiſirs,
Jean V tombe malade. Sa maladie dégénère
en langueur. Alors tous les amuſemens
ceſſent; les portes des ſpectacles ferment,
les aſſemblées finiſſent. Le Trône eſt iſolé
les favoris ſe retirent: la Cour eſt abandon-
née; il n'y a plus d'éclat, plus de faſte, plus
de grandeur, plus de luxe. Les arts tombent; la main d'œuvre s'affoiblit, les manufactures dégénèrent.

Un particulier peut vivre dans un temps
différemment de qu'il a vécu dans un autre. C'eſt un être iſolé qui ne tient à rien.
Il n'*en eſt* pas ainſi des Rois, qui, après
avoir vécu avec éclat ſur le Trône, ne
peuvent ſe livrer à la retraite ſans déſoler
tout le monde. Le mal n'eſt pas dans le

changement ; il est dans la manière subite de changer, qui n'a pas donné le temps aux Artistes de s'y préparer. Lorsque les Souverains dans leurs maladies ne font pas attention à cette révolution, leurs infirmités passent au corps économique, dont elles dérangent le tempérament.

On peut dire, à la louange de Louis XIV, que dans la derniere maladie qui le mit au tombeau, il fut malade en Roi. Il ne changea rien à l'état de sa maison. Lorsqu'il mourut, on ne s'apperçut pas que le Roi étoit mort. C'est ainsi que doivent finir les Souverains, qui, n'étant que les simples économes des biens de leurs sujets, ne peuvent diminuer la circulation publique, sans causer une léfion dans l'économie générale.

Jean, devenu infirme, s'adonne entiérement à la prière. Il est à l'Eglise lorsqu'il doit être au Conseil. Il livre toutes les affaires à un Religieux nommé *frère Gaspar*, en qui il place sa confiance. Cet homme qui se mêle de tout, gâte tout.

Ce Prince, après une maladie de neuf
ans,

ans, mourut. Il laissa le Royaume dans le désordre & la confusion.

Cependant quelque foiblesse que l'on puisse lui reprocher, on ne prononcera point son nom en Portugal sans une sorte de vénération. Les défauts qui, à la fin de son régne, firent dégénérer son Gouvernement, furent plutôt l'effet de sa maladie, que d'un tempérament vicieux. Il joignoit aux connoissances & au savoir un génie fait pour régner. Ses vues étoient grandes, & ses desseins élevés. Il ne lui manquoit peut-être qu'un grand Royaume, pour faire voir des vertus qui souvent dégénèrent en vices dans un petit état. On trouve de lui des loix & des réglemens qui portent l'empreinte du grand. Il laissa des monumens dignes d'un Prince citoyen. L'aqueduc qu'il fit construire pour donner de l'eau à Lisbonne, qui en manquoit, est un de ceux qui méritent les plus grands éloges. Mais ce qui doit faire chérir sa mémoire, est son aversion pour la guerre, qu'il appelloit *le brigandage des Rois.* Il ménagea la vie

Tome I. M

de fes fujets comme la fienne propre. Tandis que toute l'Europe étoit en feu, il n'eut
ni fiéges ni batailles. Pendant tout fon régne, qui fut affez long, il ne tira pas un
feul coup de canon, & ne verfa pas une
feule goutte de fang. Voilà le Roi, l'autre
eft l'homme.

Ce Prince reffembloit beaucoup à
Louis XIV par les traits, la démarche,
l'air noble & majeftueux. On a dit de ces
deux Monarques, qu'aucun mortel n'avoit
ofé fupporter leurs regards. J'aimerois mieux
qu'on eût dit d'eux, qu'on pouvoit les envifa-
ger avec la même tendreffe que les François regardoient Henri IV. Lorfque le refpect pour les Rois eft trop grand, il
dégénere en defpotifme.

D'ailleurs le fafte perfonnel de Jean ne
reffembloit point à celui de Louis : fon
train, fes équipages n'avoient point cet
air de grandeur. Il marchoit fans cortége.
Il n'avoit point de gardes, du moins de
ceux qui relèvent l'éclat de la Majefté
Royale. Dans les plus grands jours de céré-

monie, quelques hallebardiers compofoient toute fa fuite. Il n'étoit point logé en Souverain à la ville, ni en Monarque à la campagne. Les palais fuperbes & les châteaux magnifiques n'entroient point dans le plan de fa grandeur. Mais comme du temps de Louis XIV, les grands édifices étoient devenus une maladie épidémique des Souverains, il fit bâtir un Couvent affez vafte (1) pour contenir une République entière de célibataires, dans lequel on voyoit trois cens Prêtres dire la meffe dans la même Eglife, & trois cens Moines manger dans le même Réfectoire.

On attribue à ce Monarque beaucoup de bons mots dans fes jours heureux. En général, ceux des Rois ne font guère que des faillies d'efprit qui font perdues pour la poftérité. Jean V donnoit aux fiens un fens moral utile à l'Etat. En voici quelques - uns. Un jour, un de fes fujets lui ayant demandé une grace dans un lieu tiers ; il lui dit *qu'il*

____

(1) Le Couvent de Mafra.

M 2

falloit aller à la Cour en parler au Roi ; qui étoit là tout-puissant ; que pour lui, dans l'endroit où il se trouvoit, il n'avoit aucun pouvoir. Leçon importante pour ceux qui veulent surprendre la clémence des Rois dans des lieux où ils ne doivent point l'exercer.

Un ambitieux lui ayant présenté un papier qui contenoit, disoit-il, un projet pour rendre le Portugal le Royaume le plus florissant de l'Europe, mais qu'il falloit pour cela commencer par changer le génie de la nation, il fit aussi-tôt appeller les plus habiles Physiciens de l'Etat, pour savoir si cela se pouvoit : mais ceux-ci lui ayant répondu que cela n'étoit pas dans l'ordre de la nature ; *vous voyez, Monsieur,* lui dit-il en lui rendant son projet, *que la chose est impossible, mais adressez-vous à Dieu, car il n'y a que lui qui puisse opérer un semblable miracle en Portugal.*

Si les Souverains donnoient ainsi un ridicule aux projets de ceux qui en enfantent tous les jours de vains & de chimériques, on ne leur en présenteroit pas tant.

Un étranger étant venu du fond du Nord pour lui propofer un plan de finances qui devoit augmenter confidérablement les revenus de la Couronne : *Monfieur*, lui dit-il, *il faut que vous foyez bien généreux, ou très-avare, d'être venu de fi loin tout exprès pour m'enrichir. Si c'eft par générofité, vous n'avez pas befoin que je vous offre de l'argent ; fi c'eft par avarice, vous ne méritez pas que je vous en donne.*

Il y a des chofes qu'on dit tous les jours parce qu'elles ont été dites une fois. Depuis deux fiècles, on ne fait que répéter que les Moines font inutiles aux Etats, fans faire attention que dans certains pays de l'Europe, c'eft une affaire de climat, & que quand même on ne feroit pas Moine par l'habit, on le feroit par le tempérament.

Un Miniftre anglois, qui voyoit fouvent ce Prince, lui ayant dit qu'il y avoit trop de célibataires en Portugal ; & qu'il falloit réformer les deux tiers des Cou-

vents : *Je m'en garderai bien*, lui répon=
dit Jean V : *tous mes sujets sont autant
de fainéans que la paresse rend Moines par
état ; or, comme tout mon Royaume est une
espèce de Couvent, j'aime encore mieux que
tous mes Moines soient cloîtrés, que s'ils
vivoient hors du cloître.*

Il est ridicule de prétendre qu'un homme
de lettres soit homme d'Etat. L'étude de
la politique est presqu'incompatible avec
celle des livres. L'un est une suite de la
science des intérêts des Princes, l'autre
de la connoiffance des ouvrages d'esprit.
Il suffit à ce dernier d'avoir de la mémoire,
au lieu qu'au premier il faut une suite de
réflexions profondes de l'expérience & de
l'usage des affaires.

Un Grand présentant à Jean V un bel
esprit, lui dit, pour l'engager à l'employer, qu'il avoit fait beaucoup de belles
chofes dans le cabinet littéraire. *Tant pis,*
dit le Roi, *si je l'employois dans le cabinet politique, il en feroit beaucoup de*

mauvaises, n'y ayant rien de plus dangereux, ajouta-t-il, dans le Ministère, qu'un
bel esprit.

Ceux qui font des livres sur la politique
voudroient qu'il y eût une espèce de collége ministériel, où l'on enseignât à être
Ambassadeur, comme on apprend à être
Physicien.

Le même Seigneur, dont on vient de
parler, ayant fait observer à Jean V qu'il
n'y avoit point d'école d'Ambassade en
Portugal ; ce Prince lui répondit : *Tant
mieux, car une telle école, ainsi que ses
écoliers, seroit dangereuse. Lorsqu'un Souverain envoie un Ambassadeur dans une
Cour étrangère, il en fait toujours assez ;
s'il en savoit davantage, il en sauroit trop.
A des gens à qui on donne pour toute ins-
truction, vous direz ceci, & vous ferez
cela, il ne faut pas qu'ils en disent plus,
& qu'ils en fassent moins. Or, le moindre
génie suffit pour apprendre par cœur une
leçon, & l'aller répéter à deux ou trois cens
lieues du lieu où on l'a apprise.*

M 4

Pour l'ordinaire, les femmes, dont les maris sont-très-mécontens, gagnent le devant avec le Prince, pour lui perfuader qu'elles le font.

Une Dame de la Cour étant venue fe plaindre à lui que fon mari lui avoit manqué. *Prenez garde, Madame*, lui dit ce Prince, *que ce ne foit vous.*

Si les Rois annonçoient d'avance leur jugement entre les maris qui fe plaignent de leurs femmes, & les femmes qui fe plaigent de leurs maris, il y auroit moins de plaignans dans les mariages.

Une Dame, fufpecte de galanterie, vint lui demander juftice d'une infidélité que lui avoit faite fon mari, mais qui étoit affez mal-honnête pour l'en accufer elle-même. *Je le veux bien*, dit ce Prince, *mais écoutez ma fentence après que j'aurai entendu les deux parties. Si votre mari eft coupable, je l'exilerai dans une de fes terres. Mais fi vous l'êtes, je vous reléguerai dans un Couvent.* Sire, lui répondit précipitamment la Dame, je ne méprife pas affez mon

mari pour le voir exilé ; *& moi*, reprit le
Roi, *je vous eſtime trop pour vous faire
renfermer.*

Le trait qui ſuit eſt une preuve convain-
cante de la connoiſſance que ce Prince
avoit de ces hommes de Cour, qui ne
voient rien au-deſſus de la faveur du Prince,
& en qui la moindre parole gracieuſe d'un
Roi peut cauſer une telle révolution ſur
eux, qu'elle influe ſur leur phyſique. On
vint lui dire un jour qu'un de ſes courtiſans diſgracié étoit malade, que ſon état
étoit déſeſpéré, qu'il n'y avoit plus de re-
mède. *J'en ſais un*, dit le Roi ; *qu'on le
tranſporte à la Cour : il ſuffira que je lui
demande d'un air familier, devant les autres courtiſans, comment vous portez-vous ?
pour qu'il ſe porte bien.*

Il n'eſt pas impoſſible que la plupart de
ces bons mots, qu'on donne à Jean V,
n'aient été faits après coup, comme ceux
qu'on a publiés d'Henri IV & de Louis XIV.
En tout cas, ces menſonges mènent à

cette vérité : que les Princes , à qui on a
attribué de bons mots , étoient portés à
en dire. Ce n'eſt pas que cet eſprit ſoit
le meilleur ; mais lorſqu'il eſt bien ménagé ,
il annonce le génie.

CHAPITRE VI.

Du Frère Gaspard qui gouverna le Portugal sous le régne de Jean V.

C'ÉTOIT un Gentilhomme Portugais qui avoit endossé le froc, par l'habitude où l'on est en Portugal de se faire Moine. Il avoit pris l'habit de Récollet. Dans une Monarchie où on s'accoutume de bonne heure à ne rien faire, c'est un état que de se renfermer dans un Cloître pour n'avoir rien à faire. Aussi trouve-t-on plus de Moines en Espagne, en Italie & en Portugal, que dans le reste de l'Europe où les arts sont établis, où chaque individu tient à une profession ou à une industrie quelconque. La même proportion se trouve en Asie, où les Moines augmentent à mesure qu'on approche de la ligne, & où la chaleur, en diminuant la force du corps, donne plus de foiblesse à l'ame.

Gaspard n'avoit point de principes de Gouvernement ; il n'en connoiſſoit pas les maximes. Tous les ouvrages qui traitent de la politique lui étoient inconnus : il n'avoit jamais lu que dans ſon Bréviaire.

Quand même ce Moine, devenu Miniſtre, eût eu du génie, il n'auroit pu en faire uſage, faute de ſyſtême. Le Portugal manquoit d'un modèle miniſtériel. C'eſt une choſe remarquable dans l'Hiſtoire de cette Monarchie (on l'a déjà dit) qu'elle eut pluſieurs fois d'habiles Généraux, ſans avoir de grands Miniſtres. Auſſi fut-elle ſouvent heureuſe dans ſes expéditions militaires, & rarement dans ſes maximes politiques. C'eſt que les victoires ſont ordinairement l'effet du haſard, & de cette combinaiſon des choſes qui décident de la fortune à la guerre : auſſi voit-on quelquefois un Général gagner une bataille, par l'endroit où il devroit la perdre. Il n'en eſt pas de même du Miniſtre, qui ne doit point s'écarter des premières maximes qui font le bien de l'Etat.

Le Récolet ne favoit rien, ne connoiffoit rien, & n'étoit au fait de rien. Il avoit
gagné la confiance de Jean V par des pratiques extérieures de dévotion qui réuffif-
fent toujours auprès des Princes dévots.
Ainfi Louis XIV qui s'y adonna trop fur
la fin de fes jours, acheva fa glorieufe carrière par porter des reliques.

Ce Prêtre ne confeffoit pas le Roi; il
ne dirigeoit point fa confcience; mais ce
qu'il y a de pire, il dirigeoit fon Confeil.
Il ne lui donnoit pas l'abfolution fur fes
péchés perfonnels, mais il l'abfolvoit fur
fes fautes d'Etat, qui, en politique, font
les plus grands péchés des Rois.

Régle générale, un Moine eft toujours
un mauvais Miniftre, parce que fon adminiftration fe reffent néceffairement de ce
defpotifme monachal, par lequel une
Communauté religieufe eft gouvernée par
la volonté d'un feul. Il peut bien arriver
qu'un Prêtre régulier, doué d'ailleurs de
connoiffances & de favoir, puiffe diriger
l'Empire en fecond, mais jamais en pre-

mier. Si le fameux Pere Joseph, Capucin,
qui (à ce qu'on a écrit) conseilloit si bien
Richelieu, avoit gouverné la France, il
l'eût mal gouvernée : c'est qu'il y a une distance immense du conseil à l'exécution. Il
faut faire la différence dans l'administration
politique d'un Prêtre séculier, avec un
Prêtre régulier : celui-là ne tient à l'Eglise
que par l'autel ; au lieu que celui-ci tient à
son état, non seulement par l'autel, mais
par son ordre, mais par sa constitution,
mais par ses vœux, mais par son habit,
mais par sa régularité, mais par son Général, mais par l'esprit de son corps : autant d'entraves qui l'empêchent de devenir
homme d'Etat. Un Cardinal peut être Ministre, mais un Moine ne sauroit l'être.
Il suffit au Cardinal, pour le devenir, de
se défaire de certaines maximes attachées à
la Cour de Rome, & des préjugés qui tiennent aux Membres du Sacré College : il lui
suffit d'oublier, pour ainsi dire, qu'il porte
une calotte rouge : voilà pourquoi Richelieu, qui ne s'en souvint jamais, fut un

grand Miniſtre ; & qu'aucun Moine, dans aucune Cour de l'Europe, ne l'a été.

Le Frère Gaspard fit peut-être moins de mal au Portugal par ſon incapacité, que par un certain zèle outré qu'il inſpira à Jean V pour des pratiques trop nombreuſes de religion. Il l'invitoit à ſe trouver à l'Egliſe, tandis qu'il auroit dû ſe trouver dans le cabinet. Il l'engageoit à aſſiſter à Vêpres, lorſqu'il auroit dû aſſiſter au Conſeil. La dévotion, cette première vertu d'où naiſſent toutes les autres, qui dans le Souverain eſt la ſource d'un grand nombre de biens, devient ſouvent la cauſe d'une infinité de maux : c'eſt qu'elle dégénère en foibleſſe, de laquelle le Miniſtre tire tout l'aſcendant qu'il a ſur lui : car s'il lui laiſſoit voir que dans l'adminiſtration politique, il doit gouverner l'Etat différemment qu'un dévot, il ſeroit à la fois Roi & dévot, ce qui feroit un grand Roi : au lieu qu'une dévotion outrée ne le rend que dévot, en fait un mauvais Prince, ou ce qui eſt le même, un Prince foible.

Ce Moine, devenu Miniſtre, affoiblit
ſa puiſſance politique, civile & économique. Pendant qu'il gouverna le Portugal,
aucune branche de l'adminiſtration ne fut
à ſa place. Il donnoit les premières Charges
de l'Etat à ceux qui n'étoient pas capables
de les remplir. Il diſtribuoit les Vices-
royautés, les Gouvernemens, les Ambaſ-
ſades, les Evêchés à des hommes ſans talens.

Il avoit le vice des Miniſtres qui ne ſavent pas diſtinguer les biens de la République, des biens particuliers. Il donna
à ſes parens & à ſes amis des ſommes pro-
digieuſes qu'il tira du tréſor Royal : il enrichit ſur-tout un Marquis de Govéa, que
nous verrons mourir ſur un échafaud pour
le crime le plus énorme que puiſſe com-
mettre un grand ſcélérat. Ce Moine ne vo-
loit pas l'Etat, mais il le laiſſoit voler, ce
qui revenoit au même : car lorſqu'un Miniſtre dépouille la République, il eſt in-
différent en ſoi, en quelles mains tombent
ſes dépouilles.

Il avoit encore le défaut des gens en place qui ne connoiſſent pas le cœur humain, & qui, faute de cette connoiſſance, jugent des hommes par les apparences : il ſuffiſoit d'être hypocrite, & d'affecter des dehors de dévotion, pour réuſſir auprès de lui ; ce qui rempliſſoit la Cour de Lisbonne d'aventuriers de tous les rangs & de toutes les conditions, qui cherchoient à vivre en Portugal aux dépens du Gouvernement ; car par-tout où il ne faut que des grimaces pour obtenir des Emplois, on trouve des demandeurs. On pourroit en citer mille exemples arrivés ſous ſon adminiſtration ; on n'en citera qu'un ſeul. L'Abbé Macarti, Irlandois, connu dans le monde par ſes ſcélérateſſes, ſur-tout par ſon apoſtaſie à Conſtantinople, où il avoit pris le turban, ayant ſçu qu'un Moine étoit à la tête des affaires du Portugal, s'enfuit de cette Capitale pour ſe rendre à Lisbonne, dans l'eſpérance d'obtenir une ſubſiſtance plus abondante, que celle que les Mahométans donnent aujourd'hui aux renégats. Arrivé dans celle-ci , fans autre recommandation auprès du Miniftre que fon impofture , il alla un matin fe placer au milieu de l'Eglife où fe rendoit tous les jours le Frère Gafpard ; il s'y mit à genoux les bras élevés vers le Ciel , avec un chapelet à la main , dont les grains étoient auffi gros que des œufs de pigeon. Le Moine frappé de cette attitude , fur-tout des foupirs que l'hypocrite lançoit vers l'autel , & qu'on entendoit du bas de l'Eglife, s'adreffa directement à lui pour lui demander qui il étoit. Hélas ! mon Révérend Père , lui dit l'apoftat , je fuis un miférable pêcheur qui cherche à faire ma paix avec le Ciel ; mais mes péchés font fi grands , que je doute que Dieu veuille fe réconcilier avec moi. N'ayez point cette crainte , lui dit le Récolet d'une voix ferme ; le Seigneur eft toujours prêt à faire miféricorde à ceux qui reviennent à lui de bonne foi. Venez me trouver demain dans ma chambre , & nous travaillerons enfemble à cette reconciliation. L'impofteur qui ne demandoit pas mieux, le lui promit. Il s'y rendit le lendemain à l'heure marquée, où il lui fit un aveu sincère de tous ses péchés, excepté de celui qu'il employoit pour le tromper. Gaspard lui fit un long sermon pour l'exhorter à réparer, par une dévotion exemplaire, le scandale de sa vie passée.

Après qu'on eut parlé des affaires du Ciel, il fallut traiter de celles de la terre. Sans doute, lui dit le Ministre, que vous n'avez point de fortune. Je n'en ai aucune, répondit-il. Et bien voyons, lui dit-il, que puis-je faire pour vous? & à quoi puis-je vous employer ? Qu'avez-vous vu? qu'avez-vous sçu ? qu'avez-vous lu ? J'ai lu, lui répondit l'hypocrite, ces jours passés, *le parfait Bombardier.* Et bien, reprit le Moine, il n'y a qu'à vous faire Capitaine d'artillerie. Ainsi l'Irlandois, d'abord Abbé, puis Turc, ensuite transfuge, devint tout d'un coup militaire. On peut juger par là ce que devient un Etat, lorsqu'on emploie de pareils gens.

Au refte, comme Prêtre & en qualité de Miniftre, tous ceux qui tenoient au Clergé régulier eurent part à l'adminiftration. On vit alors une claffe de célibataires qui fortirent de leur retraite pour agiter ce même monde qu'ils avoient quitté. Il eft remarquable dans l'Hiftoire du cœur humain, qu'il n'y a point de gens plus ambitieux que ceux qui, par leur état, ont renoncé à toute ambition. On a mis en queftion, fi cet homme avoit gouverné le Portugal par zèle, par vanité, ou par ftupidité. Ce problême n'eft pas difficile à réfoudre. Quand un célibataire interrompt les devoirs auxquels fon état l'engage, lorfqu'il quitte fa cellule pour diriger l'Empire, il renonce à des vœux qu'il a faits à la face des autels. On fait que ceux-ci l'engagent à la prière, au filence, à la retraite, à l'étude, à la contemplation, & à une infinité de pratiques de religion dont il ne fauroit fe difpenfer, fans violer les loix de fon Ordre; dès-lors ce mauvais Moine eft un dangereux Miniftre : car lorfqu'on quitte un état pour en prendre un autre auquel on n'est pas appellé, on n'est propre à remplir les fonctions ni de l'un ni de l'autre.

C'est une si grande jouiſſance que celle de commander à ceux qui ſont nés nos ſupérieurs; c'eſt un ſi grand plaiſir de s'élever au-deſſus de ſa condition, pour répandre l'obéiſſance chez toutes les autres : l'amour-propre en eſt ſi affecté, l'ame en eſt ſi ébaïe, qu'en vérité il faudroit être un ſaint, pour devenir Miniſtre ſans en être vain.

Diſons donc que Gaspard étoit un hypo-crite de bonne foi, qui croyoit qu'on pou-voit être à la fois Moine, ignorant, Mi-niſtre & Favori d'un Roi, ſans bleſſer la bienſéance de ſon état.

LIVRE III.

CHAPITRE PREMIER,

Naissance & éducation de Sébastien-Joseph de Carvalho ; son mariage ; son ministère à Londres & à Vienne ; son second mariage en Allemagne.

SÉBASTIEN-JOSEPH de Carvalho vint au monde à la fin du siècle passé : siècle glorieux, dont l'histoire parlera long-temps. Il se fit alors dans le génie, comme dans les mœurs de toutes les nations, une révolution qui sera éternelle dans la mémoire des hommes.

Louis XIV, Corneille, Racine, Condé, Turenne, Vauban, Louvois, Colbert, feront époque dans les annales du monde européen, comme les siècles d'Alexandre & d'Auguste en firent dans l'histoire de

l'univers. C'eſt un avantage pour un citoyen qui cherche à ſe rendre utile à ſa
patrie, de trouver devant lui des modèles
dont l'exemple ſuffit pour élever l'homme
au grand.

L'uſage, qui eſt le père des préjugés,
veut que, lorſqu'on parle d'un citoyen il-
luſtre, on lui donne des aïeux. C'eſt ajouter
un phantôme à la réalité, & prendre l'ombre pour le corps. Les morts ſont une foible recommandation pour les vivans : ſi
les hommes étoient ſages, ils honoreroient
la vertu où elle eſt, & n'iroient pas la
chercher dans le tombeau, où elle n'eſt
pas.

Cependant Carvalho n'étoit point privé
d'ancêtres ; il tenoit par la naiſſance à la
robe & à l'épée (1), deux profeſſions d'où
toutes les autres tirent leur origine, ainſi
que leur gloire : ſans les Magiſtrats, il n'y

---

(1) Son grand-père étoit Conſeiller, & ſon père Capitaine.

N 4

auroit point de justice ; sans les militaires, il n'y auroit point de héros.

Sébastien-Joseph, issu d'un sang noble, fut élevé d'une manière convenable à sa naissance : après les premières études qu'on donne à l'enfance, il passa à l'Université de Coimbre, pour y faire un cours de droit : c'est assez l'usage que les gens de qualité en Portugal, s'appliquent à la jurisprudence : usage qui devroit bien s'introduire dans tous les autres Etats de l'Europe, où l'on fait une science particulière de ce qui devroit être celle de tout le monde. Celle-ci est la première de toutes, parce qu'elle contient non - seulement le droit politique & civil de chaque cité, mais le droit politique & civil de chaque citoyen : il est impossible d'exercer une charge un peu considérable dans la République, sans connoître les loix.

Le jeune Carvalho, après avoir fini son cours de droit, revint à Lisbonne, où il prit le parti des armes. Bientôt on le vit paroître en habit de simple soldat : dans toutes les professions, il faut commencer par le commencement. C'est au défaut d'une pareille institution, que dans certains Gouvernemens monarchiques, on voit tous les jours de jeunes Seigneurs devenir Colonels, sans avoir jamais vu ni connu l'uniforme de leur régiment. Peut-être est-ce une loi à la guerre de commencer par le premier grade, pour arriver avec l'expérience nécessaire au dernier : du moins l'histoire militaire nous apprend que les plus grands Capitaines ont commencé par être simples soldats.

Comme Sébastien avoit naturellement de la valeur, il se distingua bientôt au service par sa bravoure ; car, quoiqu'il ne se trouva à aucune bataille, il laissa entrevoir par son courage qu'il se feroit distingué s'il s'étoit battu. Cependant, à peine se fut il engagé dans cette profession, qu'il l'abandonna. Il faut expliquer ceci, sans quoi on feroit en droit de le soupçonner de légéreté & d'inconstance, deux vices qui

pourroient influer fur le refte de fa conduite.

On a écrit dans plufieurs livres, que
Jean V l'ayant oublié dans une promotion
d'Officiers généraux qu'il fit dans ce temps-
là, il s'étoit dégoûté du fervice ; mais ce
ne fut pas ce qui le lui fit quitter. Carvalho n'étoit que fimple caporal, lorfque
cette promotion fe fit. Il eft vrai qu'à Lisbonne, on ne connoît point ce qu'on
appelle ailleurs l'ordre du tableau militaire,
& qu'un fimple foldat peut devenir tout
d'un coup Commandant en chef, ce qui
eft un vice de fa conftitution ; mais le
véritable motif qui le détermina à quitter
le fervice, ce fut le peu de cas qu'on en
faifoit alors, & qu'on en fait encore aujourd'hui en Portugal. Dans les Monarchies, c'eft toujours du génie du Roi que
dépend celui des fujets. On vient de
voir que Jean V n'aimoit point la guerre ;
c'étoit fans doute une vertu dans le Prince,
mais il devoit avoir des égards pour ceux
qui la font. Des citoyens, qui, par une

profeffion particulière , expofent leur vie pour le falut de la République , méritent des diftinctions. Quoique ce Prince n'eût point un mépris marqué pour la troupe, il ne montroit pas affez de zèle pour elle : c'eft du degré d'eftime que chaque état attache à la milice, que dépend fa confidération. A Rome, où le Clergé domine, les foldats ne font guères que les domeftiques du Pape. A Venife , & dans toutes les Ariftocraties d'Italie , où il faut être *patrice* pour être quelque chofe , l'état militaire n'eft rien. En Hollande , où l'on préfère l'argent à la gloire , l'art militaire eft avili. En Suiffe, où l'on vend le fang des hommes pour faire la guerre, on ne l'eftime qu'autant qu'il augmente le numéraire. En Pologne & en Danemarck , où on n'y donne plus de batailles , la milice eft à-peu-près nulle. En France , où on a attaché un point d'honneur à cette profeffion , elle jouit de la plus haute confidération ; c'eft à celle-ci que cette Monarchie doit fa profpérité.

Peu de temps après avoir quitté le ſervice, Carvalho épouſa Dona-Thereſa de Noronha d'Almeida, veuve d'Antoine Mendoza, de la maiſon de *Cova*, dont il étoit amoureux : il trouva d'abord quelque réſiſtance de la part des parens, mais aucune du côté de la Dame. Il n'eſt pas inutile de dire qu'il étoit parfaitement bel homme : dans les engagemens du cœur, pour l'ordinaire, c'eſt le premier coup-d'œil qui décide : la naiſſance, les conſidérations de famille, la convenance des rangs viennent après. Il joignoit à une taille avantageuſe beaucoup de douceur & d'agrémens dans la phyſionomie : l'œil vif & perçant, un ſon de voix agréable, des manières engageantes, accompagnées d'une rhétorique ſéduiſante. En amour, avec de pareils Avocats, un amant ne perd point ſa cauſe, ſur-tout lorſque la Dame de ſon côté eſt bien aiſe qu'il la gagne.

Cependant Carvalho, qui un jour devoit être tout en Portugal, n'y étoit encore rien. On croit que ce qui retarda ſon avancement, fut quelqu'emportement de jeuneffe, fur lequel il ne faut jamais juger des hommes. Louis XIV en fit une funefte expérience en la perfonne du Chevalier de Carignan, à qui il refufa un régiment, parce que s'étant d'abord livré aux amufemens naturels dans l'âge des plaifirs, fes courtifans l'affurèrent qu'il ne feroît jamais propre à rien. Cependant ce jeune Carignan fut le célèbre Prince Eugène, qui mit la France en danger. Si on avoit jugé de Richelieu par fes premières occupations, Louis XIII n'en eût jamais fait fon premier Miniftre; & ce Monarque fe fût privé par-là du plus ferme appui de fa Couronne. La jeuneffe eft une maladie de l'ame qui doit avoir fon cours; fi elle ne fe découvre pas dans un temps, elle fe manifefte dans un autre; & il vaut mieux qu'elle ait fon effet dans le premier âge que dans le fecond. Tous les Catons de vingt ans font morts des fcélérats.

Tandis qu'on regarde Sébaftien-Jofeph comme inutile à l'Etat, incapable d'aucune adminiſtration, il devient Miniſtre; Jean V le nomme ſon Envoyé extraordinaire à la Cour d'Angleterre. Ce choix imprévu cauſe une révolution dans les eſprits : les courtiſans voient avec une ſorte d'envie cette élévation ſubite. Rien ne découvre mieux la baſſeſſe de ces eſclaves qui portent les chaînes du trône, que cette terreur panique qui s'empare de leur ame à la découverte d'un grand homme : on craignit que ce choix ne fût une porte pour s'élever aux premières charges de l'Etat.

Cette nomination eſt remarquable; il eſt ordinaire de voir le favori d'un Prince paſſer tout d'un coup au miniſtère : la faveur qui lui en a frayé le chemin, prévient l'étonnement. Mais Sébaſtien n'étoit point courtiſan; la flatterie & l'adulation n'entroient point dans ſon ame. Il voyoit peu le Roi, ou, s'il le voyoit, c'étoit dans cet éloignement qui le confondoit avec la foule. Cependant il lui confie le ſecret de l'Etat, le fait ſon Miniſtre dans une Cour étrangère : Carvalho devient, pour ainſi dire, la bouche

de celui à qui il a à peine parlé. Cette confiance eſt une énigme , que les annales de
ces temps-là n'expliquent point.

Il étoit naturel qu'un citoyen obſcur (car
on peut appeller de ce nom celui qui n'a
paſſé par aucune charge publique) reſtât
dans la claſſe des hommes ordinaires ; cependant il paroît tout-d'un-coup ſur le premier théâtre de la politique : en effet, tout
Miniſtre eſt l'homme du Roi ; il a dans ſes
mains l'autorité momentanée de celui qu'il
repréſente. C'eſt l'image de la ſouveraineté.
Sa charge lui donne des prérogatives qui
émanent de la Couronne elle-même. Comment donc Carvalho parvient-il à l'adminiſtration ? Il faut expliquer ceci , ſans quoi
on verroit des effets ſans en connoître la
cauſe ; & l'hiſtoire miniſtérielle ne ſeroit ſouvent qu'un roman politique.

La Cour , avant la maladie du Roi , étoit
remplie de ces hommes brillans , qui joi-
gnent à une imagination vive & hardie ,
ces traits ſaillans faits pour amuſer le Prince,
mais qui , dans le cabinet , ſont plus pro-

pres à gâter les affaires, qu'à les faire réuffir.

Pendant que le Portugal, au commencement du régne de Jean V, n'étoit occupé que de luxe, de fêtes, de fpectacles & d'intrigues d'amour, & que chacun, livré aux plaifirs, paffoit la vie dans la diffipation, tandis que tout étoit négligé dans l'adminiftration, Carvalho, recueilli dans un coin de ce monde tumultueux, penfoit déjà à la réforme, quoiqu'il ne fût pas encore réformateur.

Il faut faire la différence d'un courtifan à un citoyen, deux caractères bien oppofés. Pendant que celui-là fuit le Roi à la pêche ou à la chaffe, qu'il partage fes plaifirs & fes paffions, qu'il favorife fes defirs, & que fouvent même il les irrite; celui-ci étudie la fcience du gouvernement, déchire le voile qui couvre fes vices, & fe met par-là en état de fervir fa patrie.

Rien ne donne plus de moyen à un grand homme, que le loifir de la condition privée, lorfqu'il n'eft diftrait ni par les plaifirs de la

Cour,

Cour, ni par les amusemens de la ville : c'est alors que, jouissant de tout son esprit, il prépare de loin ses lumières à l'avantage de la République. Plus il a vécu derrière le théâtre du monde politique, plus il sera en état d'y paroître avec éclat, lorsque le moment sera venu de s'y montrer : c'est qu'il a eu plus de temps pour étudier son rôle.

Enfin, Paul de Carvalho, son oncle, Chanoine de la Patriarchale, homme d'un rare mérite & d'un grand crédit, le présenta au Cardinal de Mota, qui gouvernoit alors le Royaume, & le lui recommanda. Quoique ce Cardinal ne fût pas un grand Ministre, il avoit le talent rare de connoître ceux qui pouvoient le devenir ; cela fit qu'il l'employa. Voilà la cause première de son élévation ; il ne faut point en chercher d'autre, parce qu'il n'y en a point d'autre.

Arrivé à Londres pour y exercer les fonctions de Ministre, éloigné de sa patrie, des affaires domestiques & du soin de sa famille, il se livre à cette étude qui pré-

paré à la science du Gouvernement. Le
siécle dont je viens de parler avoit répandu
des lumières sur tous les arts qui pouvoient
éclairer le monde politique. L'Europe
étoit pleine de livres économiques, remplie de ces écrits qui préparent les gens
en place à la grande administration, &
dont celle de la France à servi de modèle
dans nos derniers temps à tous les Etats
de l'Europe.

Sully, Richelieu, Colbert, Louvois ne
sont plus. Ces grands génies sont morts ;
mais leur esprit vit chez les hommes. Les
uns ont écrit des mémoires, les autres ont
établi des maximes ; quelques-uns ont fait
des testamens politiques. Ce sont autant de
dépôts qu'ils ont laissés à l'Univers, pour
rendre les nations puissantes & heureuses ;
si on peut appeller de ce nom celles qu'on
fait jouir des avantages de leur ciel, &
des richesses qui en sont une suite nécef-
saire.

Sully, ce grand Ministre, dont on ne
peut prononcer le nom sans une espèce d'ad-

miration mêlée d'attendriffement , parce qu'il joignit au caractère de l'ami des hom- mes , celui de l'homme d'état : Sully fut celui qu'il étudia le plus , parce que le Por- tugal , fous le règne de Jean V , étoit dans le même état que fe trouvoit la France après les guerres civiles d'Henri IV , & que les mêmes maux demandoient les mêmes re- mèdes ; c'eft dans fes mémoires qu'il apprit cet art de percevoir les finances avec cet ordre & cette méthode qui préviennent toutes fortes de malverfations.

Il apprend de Richelieu cette fubordi- nation des claffes & des rangs , néceffaire dans le gouvernement d'un feul , qui établit l'autorité abfolue dans le Monarque , fans quoi la Monarchie dégénère ; fur - tout à ôter à la nobleffe des prérogatives qui , lorf- qu'elles font trop grandes , rendent la puif- fance royale trop petite.

Colbert lui enfeigne les moyens d'en- richir l'état économique , en donnant de nouvelles formes à la matière. C'eft de la

main d'œuvre, que ce Miniftre tire une puiffance que l'or ne donne pas toujours. Il
encourage l'émulation des Artiftes par des
récompenfes proportionnées à leurs talens :
ce qui, en augmentant les manufactures,
multiplie la circulation qui eft la richeffe
elle-même.

Louvois vient enfuite. Ce grand homme
fait refpecter les Rois à la guerre, en donnant les moyens à leurs Généraux de rem-
porter des victoires. Jamais Miniftre ne
porta plus loin cet efprit d'économie, d'ordre, de détail & de prévoyance, qui fait
vivre les armées dans l'abondance au milieu de la difette, &c.

Il fixe enfuite fes regards fur toutes les
branches de l'induftrie générale, qui ont
fait de l'Angleterre le premier attelier des
arts. On fait que depuis la Reine Elifabeth,
ce Royaume eft devenu l'école du gouvernement économique, qui, dans nos temps
modernes, eft devenue l'adminiftration par
excellence. Et il eft admirable qu'une

Dame ait été la première à frayer le chemin qui conduit les Rois à la puissance par la main-d'œuvre.

Carvalho, dans cette foule d'arts qui se présentent à ses regards, s'attache à ceux qui conviennent au Portugal & aux premiers genres qu'il produit ; ce qui, en matière d'économie-pratique, est la pratique par excellence.

Depuis environ dix lustres, une maladie nouvelle s'est répandue en Europe ; elle a ses accès & ses redoublemens. Il ne paroît pas plutôt un art, un métier, une manufacture dans un Etat, que tous les autres veulent l'imiter, sans faire attention que le ciel n'est pas le même, & que le génie des artisans qu'on emploie à les faire valoir est différent. De-là vient que les fabriques qui réussissent dans certains continens, ne font aucuns progrès dans un autre.

Ce n'est pas tout ; il calcule les avantages que la Grande-Bretagne a sur le Portugal : il met chaque branche du commerce des deux nations à sa place : il examine la na-

ture , le produit des genres ; il mefure l'induftrie de chacune , & calcule les échanges : il voit un profit prodigieux d'un côté,
& une perte immenfe de l'autre.

Sa navigation lui donne une fupériorité
qui ne peut fe calculer : trois cents vaiffeaux , & fix mille mariniers font employés
continuellement à faire le commerce du
Portugal & du Bréfil : on doit juger par-là
de fes autres avantages. Dès-lors, il forme
le deffein de remédier à tous les vices ,
s'il parvient jamais à la grande adminiftration.

On peut donc juger combien eft faux le
portrait que l'Auteur des Mémoires fait
de lui pendant fon féjour en Angleterre.
Il le donne en fpectacle à l'Europe, dans
ce livre , par des traits qui ne lui reffemblent point , & qui font plutôt d'un homme oifif que d'un citoyen actif. Voici comme il s'exprime.

« Carvalho réduit à Londres à l'inac-
» tion , confacroit à fes amufemens le loi-
» fir que lui laiffoit les affaires. L'augmen-

» tation de sa fortune, & les prérogatives
» attachées à son état, lui fournissoient
» pour satisfaire ses passions ardentes, des
» moyens qu'il saisissoit avec avidité. Il s'é-
» toit fait à Londres des amis de son goût,
» avec lesquels il se livroit sans ménage-
» ment à ses plaisirs tumultueux, si chers
» à la bouillante jeunesse, sur-tout lors-
» qu'elle a, pour se les procurer, les res-
» sources de l'or & du pouvoir. Il se trou-
» va plus d'une fois engagé dans des intri-
» gues amoureuses, qui le rendirent sou-
» vent très-mécontent, &c. »

Quand cet homme n'auroit pas eu la
maladie des libelles dans le cœur, il l'auroit eue dans la tête. Rien ne ressemble
moins à ce Ministre, que le caractère qu'il
lui donne : jamais mortel ne connut moins
cette débauche qui déshonore tous les
hommes, sur-tout les gens en place : c'est
une justice que lui rendent ceux-mêmes
qui ont passé pour ses ennemis. Il se livra
encore moins à cette incontinence devenue si commune dans nos temps moder-

nes , qu'elle ne paffe pas même aujour-
d'hui pour un vice. On l'a vu dans la plus
haute fortune , s'éloigner de tout genre de
volupté , environné à tout moment du fexe
le plus beau de l'univers , paré de tous les
agrémens des charmes de la jeuneffe , fans
jamais donner le moindre coup-d'œil à une
femme , qui pût être fufpect ; encore moins
le vit-on engagé dans aucune intrigue d'a-
mour ; & qu'on ne dife pas, que lorfqu'il
arriva au miniftère , il étoit déjà avancé
dans fa carrière : il n'y a point d'âge pour
l'intempérance. Pour l'ordinaire, les defirs
de l'amour , dans les vieillards , font irrités
par l'impuiffance même de les fatisfaire.
C'eft pour eux une efpèce de jouiffance ,
que de ne pas jouir ; il leur fuffit d'avoir
en leur poffeffion ce que les autres voudroient poff* éder : moins ils peuvent fatisfaire leurs paffions , & plus ils s'y livrent
avec ardeur ; voilà l'hiftoire du cœur humain , dans l'âge avancé. On ne lui reproche pas non plus la table ; cette paffion dominante des gens en place , qui leur enlève

une partie précieuse de leur temps, ne fut point de son goût.

Cet homme lui impute aussi de ne s'être mêlé de rien en Angleterre, & de n'avoir occupé aucune place à la Cour auprès du Roi George; mais ce reproche est plutôt une louange qu'un blâme. Il n'est que trop vrai que les Agens des Couronnes font beaucoup de bruit dans les Cours où ils résident, & qu'ils se mêlent souvent de ce dont ils ne devroient pas se mêler. C'est à ce caractère d'intrigue qu'on doit, pour l'ordinaire, ces divisions qui s'élèvent dans les cabinets, & qui finissent souvent par des guerres. Otez les insinuations, les cabales, les intrigues des Ministres étrangers à la Cour des Rois, & vous donnerez la tranquillité à l'Europe.

C'est quelquefois une bonne politique dans un Ministre qui réside à une Cour étrangère, de n'en avoir aucune : cela dépend du temps & des circonstances du Prince qui l'envoie. Le Portugal, qui depuis long-temps jouissoit de la paix, ne

vouloit pas s'engager dans aucune guerre.
Jean V, pour conserver une neutralité inviolable, avoit défendu à son Ministre à
Londres, de n'écouter aucune proposi-
tion, & de ne se mêler d'aucune intrigue
qui pût tendre à la rompre. Toutes ses instructions portoient sur le commerce, aucune sur les armes. C'est ce qui faisoit que
Carvalho n'approchoit guère du cabinet de
George II, & vivoit éloigné d'une Cour
qui ne respiroit alors que siéges & batailles.
Mais bien loin que son éloignement des
intrigues militaires jettât quelque nonchalance dans sa mission, il contribuoit au
contraire à augmenter son activité. Tout ce
que peut faire un homme d'Etat pour s'ins-
truire des arts & du commerce, qui étoit
l'objet principal de son administration, ce
Ministre le fit.

L'Auteur du libelle ajoute que, quoique
le Roi l'eût fait son Ministre à Londres,
il ne pouvoit lire ses dépêches, tant elles
étoient ambiguës : choses dont il se plai-
gnoit hautement ; ceci est contradictoire.

Jean V n'étoit pas d'un caractère à se servir d'un homme pour qui il poussoit le mépris jusqu'à ne pas lire ses dépêches, & il
ajoute qu'il lui répondoit en peu de lignes
& très-séchement. Ainsi on peut sentir
combien est encore fausse & ridicule la
lettre de ce Ministre, qu'il lui fait écrire
de Londres au Secrétaire d'Etat, Azevedo,
à qui il se plaint amérement de ne pouvoir contenter son Maître, & d'en être
toujours blâmé, elle est conçue en ces
termes :

« C'est une chose bien cruelle pour moi,
» de recevoir, chaque ordinaire, des re-
» proches de Sa Majesté, sans en connoître
» la cause. Combien ne serois-je pas plus
» heureux d'être à Soure (1), où je mange-
» rois au sein de l'amitié de mauvais pain
» de maïs, que de me voir dans cette Cour
» sans honneur, sans caractère public,
» condamné en quelque sorte à jouer le
» rôle d'un vil espion ».

---

(1) Gros Bourg dont il tiroit son origine.

1°. Ceux qui connoissent les loix & la forme de la correspondance ministérielle, savent qu'il n'est pas permis aux Ministres de parler de leurs affaires particulières dans leurs dépêches, à moins qu'elles n'aient quelque relation avec la politique du cabinet.

2°. Il eût été bien peu politique à ce Ministre de se plaindre ainsi au Secrétaire d'Etat des affaires étrangères, qui, étant l'homme du Roi, devoit lui rendre compte des plaintes qu'on formoit contre sa personne.

3°. Il n'est point vrai que Carvalho n'eut point de caractère à Londres ; il étoit Envoyé extraordinaire, & il l'étoit si bien, qu'il fut admis à la Cour & chez les Ministres en cette qualité.

4°. Quoique les Ministres soient réellement des espions politiques, étant obligés d'informer leur Cour de ce qui se passe auprès de celle où ils résident, il s'en faut bien qu'ils se qualifient tels, & qu'ils se croient vils pour cela.

Lorsqu'on imprime des menſonges , il faut les publier ſur quelque fondement.

Carvalho fut rappellé de Londres : à ſon retour , on chercha à le deſſervir auprès du Roi. Les courtiſans ſe liguèrent contre lui , & les gens en place cabalèrent pour s'op-poſer à ſon agrandiſſement : tandis qu'on le croyoit perdu , il arriva un événement qui prouva qu'il ne l'étoit pas. La Cour de Rome eut un démêlé avec la Maiſon d'Autriche , au ſujet de l'extinction du Pa-triarchat d'Aquilée ; Lambertini occupoit alors la Chaire apoſtolique : c'étoit un Prince honnête homme , plus Chrétien que Sou-verain , moins Monarque que Citoyen , plus Pontife que Pape : il aimoit la paix & la tranquillité de la chrétienté : il ne pouvoit ſouffrir les diviſions entre les Puiſ-ſances pour des minuties qui n'ont d'autre effet que de les donner en ſpectacle à l'Univers , en s'oppoſant au bonheur du monde.

Benoît XIV s'adreſſa à la Cour de Por-tugal , pour l'engager à être médiatrice dans cette affaire. Carvalho fut chargé de cette médiation. Règle générale, lorsqu'on voit un homme d'état, malgré l'intrigue & la cabale, continuer à être employé dans les Cours étrangères, c'est une preuve qu'on n'en a point d'autre à lui préférer. Il partit pour Vienne. Il est faux, comme le dit l'Auteur des Mémoires, qu'il fut encore *député à cette Cour sans caractère public, mais seulement avec la commission secrette de rétablir la bonne harmonie entre le Pape & la Maison d'Autriche.* Il faut encore ici être bien peu versé dans les affaires des Cours, pour dire, comme il le fait, qu'un particulier sans caractère puisse être médiateur entre deux Souverains : une commission secrette, qui n'est revêtue d'aucune authenticité, est nulle. Celui qui en est chargé ne peut traiter, parce qu'il n'est point avoué. Carvalho passa à Vienne en qualité de Ministre : c'est une des plus grandes injustices que l'on puisse faire à un homme d'état, que de le dépouiller du caractère dont la Cour l'a revêtu.

La commiffion dont il étoit chargé n'é-
toit pas fi aifée, ainfi qu'on a voulu la
publier. On fait que ces deux Puiffances
font rivales depuis la décadence de l'Empire Romain. Si quelquefois la Couronne
Impériale a pris le deffus fur la Thiare ;
celle-ci a fouvent eu l'avantage fur les fucceffeurs des Céfars. Cette circulation de
pouvoir, en faifant pencher la balance du
côté de la puiffance temporelle, n'a pas
diminué l'influence qui naît néceffairement
de l'autorité fpirituelle. Le médiateur portugais faifit fi bien le caractère de l'une & de
l'autre, qu'il les concilia enfemble, au moment que l'Europe s'y attendoit le moins.
C'eft donc encore une impofture de la part
de cet homme, lorfqu'il dit qu'il ne réuffit
pas.

Dans ce temps-là, fa femme étant venue à mourir à Lisbonne, il fixa les yeux
fur la jeune Comteffe d'Aun, parente du
Maréchal du même nom, dont il chercha
à devenir l'époux. Il y eut d'abord quelques difficultés à caufe de fa famille qu'on

croyoit inférieure. On sait combien les Allemands , & sur-tout les Allemandes de Vienne, sont difficiles sur les alliances : leur délicatesse là-dessus l'emporte sur les Espagnols , & peut-être même sur celle des Napolitains , qui aiment mieux mourir de faim dans le grenier de la Noblesse , que de vivre avec abondance dans l'antichambre de la roture. Outre sa famille , qui étoit noble de son chef, le Ministre allégua l'hymen de sa première épouse , dont le sang étoit un des plus nobles du Portugal.

Ici l'Auteur des Mémoires publie un mensonge , pour donner du crédit à une fausseté. Il dit que la Maison d'Aun , ne voulant pas s'en rapporter à son assertion , eut recours à l'Ambassadeur du Portugal à Vienne (1). Qui étoit donc cet Ambassadeur ? quel étoit son nom ? qui l'avoit envoyé ? où en est-il fait mention ? quelles annales en ont parlé ? il n'y avoit alors d'autre agent de la Couronne de Portugal à

____

(1) Tome premier , page 14.

Vienne ,

Vienne, que Carvalho. Il est inoui qu'on ose pousser l'imposture jusqu'à démentir des faits publics, connus de tout le monde.

S'il y avoit eu alors un Ambassadeur à cette Cour, Carvalho n'eût été que Secrétaire d'Ambassade : or, un Secrétaire d'Ambassade n'eût jamais eu l'audace de demander en mariage une Dame de ce rang-là. Le titre seul auroit suffi pour le faire refuser. Il n'eût plus été question alors de preuves de noblesse ; dès qu'il n'étoit pas Ministre en chef, il n'étoit plus assez noble pour l'épouser. On insiste sur ces petites choses pour faire voir le fond qu'on doit faire sur ces Mémoires cousus de faussetés avérées.

On écrivit à la Reine de Portugal, qui répondit que Carvalho étoit d'origine noble. Elle étoit Allemande, & par conséquent en état de juger si cette alliance étoit sortable. Elle l'approuva, & le mariage se fit. Les deux époux vinrent à Lisbonne.

Il n'est pas encore vrai, comme cet homme le dit dans cet endroit, que ce

Ministre, à son retour d'Allemagne, fut disgracié. Il avoit réussi dans sa négociation à Vienne, & par conséquent ce n'étoit pas le moment de se plaindre de lui. Il est vrai qu'on ne lui donna point d'emploi, mais il n'y en avoit point à donner. Toutes les premières charges de l'Etat étoient occupées; aucune n'étoit vacante. Le frère Gaspard, qui avoit fait les Ministres, les maintenoit à leur place. C'étoit le moment de sa plus grande faveur, parce que c'étoit le temps le plus fort de la maladie du Roi.

Voici d'autres imputations. Carvalho, dit-il, sachant le peu d'estime que le Roi faisoit de lui, ne craignoit pas de s'en plaindre hautement dans les maisons de ses amis. On l'entendoit sans cesse blâmer avec dérision divers édits & réglemens publiés par le Ministère, & vanter les grandes lumières qu'il avoit apportées de Londres sur les vrais intérêts des nations.

Ceci est si peu exact, que de tous les Ministres qui ont jamais existé, Carvalho

fut le plus réfervé. Il pouffoit la circonf-
pection là-deffus jufqu'au fcrupule. Son fecret fut toujours à lui ; aucun mortel ne le
lui arracha jamais.

Afin d'empêcher qu'on ne le pénétrât
dans fes vues, il ne parloit point du défordre qui régnoit dans le Gouvernement.
Pour mieux s'envelopper dans fes idées,
il affectoit d'être peu inftruit des grands
principes de la politique.

Mais crainte de le rendre trop indifcret,
l'Auteur des Mémoires fait un pas en arrière,
il en fait un homme pufillanime, vil & ram-
pant.

Pour acquérir les bonnes graces du
Prince, dit-il, Carvalho cherchoit à faire
fa cour fervilement au Récollet qui le gouvernoit ; il lui baifoit les mains, faififfoit
avec avidité les occafions de lui parler,
affectoit d'être enchanté de fa converfation,
& paroiffoit affligé lorfqu'il le quittoit. Le
père Carboni, Jéfuite, Confeffeur du Roi,
qui avoit fa confiance, étant devenu infirme,
Carvalho, ajoute-t-il, fe fit garde malade.

Il ne quitta plus sa chambre. Au moment qu'il alloit rendre l'ame, il pousoit des soupirs, il versoit des larmes ; il alloit de cellule en cellule chercher quelque consolation, ne cessant de déplorer la perte que le Royaume faisoit, & la Société. Voilà bien de la bassesse pour tant de hauteur. Il y auroit beaucoup de choses à dire sur ce contraste. Je ne dirai qu'un mot. Lorsqu'on veut faire connoître le génie d'un Ministre d'Etat, il faut le définir, & non pas le laisser sans caractère. Sans doute que Carvalho avoit de l'ambition : tous les grands hommes en ont ; mais il ne chercha jamais à acheter la protection de ceux qui avoient du pouvoir auprés de Jean V par de telles humiliations. Lorsque, pour acquérir la faveur d'un Prince, il faut se dégrader, l'humiliation affoiblit les ressorts de l'ame qui, se trouvant sans action, laisse l'amour-propre sans vigueur.

Jean V mourut, & tout changea de face en Portugal. Carvalho fut fait Ministre des affaires étrangères, & bientôt il eut l'adminiftration générale, & gouverna ce Royaume en chef.

Comme ce Citoyen, élevé à la première charge, porta la main fur tout, & conduifit tout avec autant de génie que de force & de courage, je fupplie qu'on me permette de faire quelques réflexions fur l'homme d'État, avant d'entrer dans la carrière que nous allons voir parcourir à celui-ci. On eft affez porté à blâmer les Minif-tres, lorfqu'ils fe conduifent mal ; mais il me femble qu'on ne leur rend pas affez de juftice, lorfqu'ils gouvernent bien, d'autant plus que leurs vertus, ainfi que leurs talens, font d'un ordre diftingué.

La première fcience eft celle qui dirige l'Empire. Il fuffit de la comparer aux autres pour juger de fa fupériorité.

La Philofophie n'a eu d'autre effet juf-qu'ici, que de rendre l'homme vain & orgueilleux, & par conféquent plus fujet aux maladies de l'ame.

Les Sciences fpéculatives laiffent un vuide immenfe dans l'efprit. Les génies les plus appliqués, après des recherches & des travaux infinis, font obligés d'avouer qu'ils ne favent rien.

L'Aftronomie, après avoir percé au travers des voûtes du firmament, s'eft arrêtée à la porte du Ciel. L'immenfité de fes dernières limites ne lui a fait voir au - delà, qu'un vafte cahos où tout eft confondu.

La Géométrie, qui a rapproché les plus grands corps en mefurant leur diftance, n'a fervi qu'à donner à l'Univers le fpectacle de leur immenfité.

La Phyfique n'a rien ajouté à l'entendement. Depuis trois mille ans qu'elle cherche à augmenter fes découvertes de la nature, elle n'a pu découvrir comment fe forme une feule idée.

Le flux & le reflux, ce balancement de mets, n'a eu d'autre effet jufqu'ici, que de tenir l'efprit en équilibre. Il ne peut approfondir ce grand phénomène, fans fe perdre dans l'abîme qu'il voudroit fonder.

La loi du mouvement eft un autre fecret impénétrable. Toute la pénétration, toutes les connoiffances, tout le favoir n'ont pu découvrir comment l'action d'un corps paffe dans un autre corps.

La génération qui crée une ame, l'organifation des corps intelligens, la matière dirigée par l'efprit, l'efprit fubordonné à la matière, font autant de myftères de la Phyfique qu'on n'a pas encore pénétrés.

L'Hiftoire eft un nom qu'on a donné à une fcience qui n'exifte point. Comment fauroit-on l'hiftoire du monde, fi on ignore celle de fa ville, & fouvent même celle de fa maifon.

Refte la Morale, qui, par fes maximes, apprend à l'homme à modérer fes defirs, & à faire un meilleur ufage de fes paffions; ce qui doit lui donner l'efprit de fociété. Mais comme elle n'eft pas par - tout uniforme, & que la religion lui imprime fon caractère, elle fouffre des modulations, des changemens & des altérations, qui jettent de la confufion dans cette même fociété, dont elle fe dit le foutien.

La Science du Gouvernement a donc

l'avantage fur les autres, tant par fon importance que par fon objet : elle a perpé-
tué cet ordre qui eft aujourd'hui dans le
monde ; nous lui devons ce que nous fommes ; fans elle, nous errerions encore dans
les bois, d'où elle nous a tirés, pour nous
donner une conftitution, nous loger, nous
nourrir, nous habiller, & nous donner
cette foule d'aifances qui forment notre
bonheur.

Mais quelle main habile ne faut-il pas
pour conduire un fi bel ouvrage, & tenir
en mouvement tant de refforts compliqués ?
Les Apologiftes fe perdent en éloges fur
les talens des hommes qui dans la vie privée fe rendent fupérieurs à leurs femblables :
mais autant le ciel eft éloigné de la terre,
autant les qualités de l'homme d'Etat font
fupérieures à celles d'un citoyen ordinaire.

En effet, qu'eft-ce que le Miniftre ? C'eft
un homme qui conduit des millions de mortels, qui fe fert de leurs vertus, de leurs
paffions, de leurs talens, de leurs vices
mêmes & de leurs défauts, pour mainte-

nir l'ordre public. C'eſt un grand citoyen
à qui le Prince confie l'Etat , & qui le
conduit ſur de grands principes. Ce n'eſt
cependant là , ſi l'on peut s'exprimer ainſi,
que la méchanique de l'homme d'état. Un
Auteur moderne m'a prévenu , en faiſant
l'éloge de celui qui dirige l'Empire.

« Il donne au Miniſtre le ſavoir, l'acti-
» vité, l'étendue, la profondeur, l'eſprit
» de détail, le génie du grand, qui règle
» le monde ; qui organiſe bien l'enſemble,
» pour que les détails roulent d'eux-mêmes ;
» qui, pour juger d'un ſeul reſſort, regarde
» la machine entière, calcule l'influence
» de toutes les machines les unes par les
» autres, & de chacune ſur le tout. Il doit
» choiſir la multitude des rapports, entre
» les intérêts qui paroiſſent éloignés ; voir
» d'où tout vient, & où tout va ; lier les
» intérêts particuliers à l'intérêt général,
» les réunir en les contenant les uns par les
» autres ; faire concourir les diviſions mê-
» mes à l'harmonie du tout ; diriger au meil-
» leur but les biens phyſiques par la puiſ-

» sance, & les biens moraux par l'opinion;
» multiplier les forces par les vertus, tirer
» le plus grand parti du caractère naturel;
» connoître à quel point du cercle est par-
» venu l'Etat qu'on gouverne ; employer
» le moins de forces possibles pour chaque
» opération ; éviter les petits remèdes ,
» plus dangereux que les grands maux;
» marcher au but, sans trop voir les obsta-
» cles ; considérer les choses dans leurs
» principes & dans leurs effets; distinguer
» celles qui ont besoin de tout le poids
» de l'autorité, & celles qui ne sont jamais
» mieux administrées, que lorsqu'elles ne
» le sont point du tout ; ne pas prendre
» l'état forcé d'un pays pour son état na-
» turel; ne pas s'écarter des principes gé-
» raux pour quelques inconvéniens de
» détail ; ne pas croire que l'on ne peut
» pas déraciner tous les abus: ce qui seroit
» le pire de tous ; ne pas causer le mal d'un
» Etat pour l'intérêt d'une ville , ni sacri-
» fier le bien d'un siècle pour l'intérêt d'un
» instant ; reculer le plus qu'il est possible

» les limites du bien ; retrancher fans ceſſe
» de la ſomme des biens inévitables , les
» maux qui entraînent dans l'adminiſtration
» l'embarras de chaque jour , le tourment
» des affaires , l'empire des uſages , les né-
» ceſſités du moment, la molleſſe ou la cor-
» ruption des ſous-ordres , le choc & le
» combat éternel du phyſique , &c. »

On trouve dans ce tableau pluſieurs traits
de Sébaſtien-Joſeph.

CHAPITRE II.

Agitation dans les esprits au commencement du régne de Joseph Ier.

IL n'y avoit jamais eu tant d'intrigues à la Cour du Portugal, qu'on en vit à la mort du Roi Jean V. C'est toujours le temps que l'ambition choisit pour faire valoir ses vues & ses desseins. Ceux qui avoient joui de la faveur sous le régne précédent, cherchèrent à s'emparer de celle du Prince régnant ; car c'est toujours pour le nom que les Courtisans cabalent. A la fin du régne de Louis XIV on ne fut occupé en France que du commencement de celui de Louis XV ; & ainsi de tous les Rois d'Europe. Il n'est pas aisé de dire les menées secrètes, les cabales & les insinuations malignes qu'il y eut à Lisbonne dans cette occasion. Il faudroit pour cela connoître les différens dégrés d'ambition dont le cœur humain est suſceptible ; car quoique la paſſion de s'agrandir ſoit égale dans tous les hommes, elle n'agit pas également ſur tous les cœurs. Dans les conditions privées, elle n'eſt pas ſi forte, parce que la fortune n'y admet pas de diſtinction ſi grande, qu'on ne ſe ſouvienne de ſon premier état ; au lieu qu'à la Cour, la fortune fait oublier ce qu'on a été, pour ne ſe ſouvenir que de ce qu'on eſt. De-là ces perfidies, ces trahiſons, ces noirceurs qui ne ſe commettent qu'autour du trône, pour obtenir la faveur de celui qui l'occupe.

Il y eut pluſieurs ſentimens ſur le caractère de Carvalho, comme on l'a déjà vu ailleurs. Les uns le regardoient comme le ſeul capable de rendre au Portugal ſa gloire & ſa première ſplendeur. Pluſieurs perſonnes de conſidération étoient de cet avis, ſur-tout le Confeſſeur du Roi, qui le connoiſſoit perſonnellement, & qui avoit ſouvent conféré avec lui ſur l'état préſent de la Monarchie. Les autres le conſidéroient comme un intrigant, plus propre à gâter les affaires qu'à les rétablir : com-

ment, difoient ceux-ci, peut-on mettre à
la tête du Gouvernement un homme qui
n'a exercé aucune adminiſtration ? Mais ces
critiques qui parloient ainſi, ne ſavoient
pas qu'on n'apprend pas à être homme
d'Etat, & que lorſqu'on ne l'eſt pas en
naiſſant, on ne l'eſt jamais. Ximenes, Sully,
Richelieu commencèrent par être d'abord
ce qu'ils furent toujours. Un eſprit ſupérieur ſe paſſe de cette expérience néceſſaire aux génies du ſecond ordre. Si on ap-
prenoit à devenir Miniſtre, celui qui en-
ſeigneroit à l'être, ſeroit le Miniſtre.

Mais l'envie, cette paſſion baſſe & hon-
teuſe qui s'irrite à l'approche d'un grand
homme, ne s'en tient pas à des réflexions
critiques. On accuſa Carvalho auprès du
Prince d'incapacité. Joſeph Ier qui n'avoit
pas encore eu le temps de le connoître,
comme il le connut dans la ſuite, le diſ-
gracia. Les Rois ſont ſi malheureux, qu'ils
n'ont pas la liberté de juger par eux-mêmes
du génie & du talent de ceux qui peuvent
leur être utiles. Comme on leur déguiſe

presque toujours la vérité, ils n'en jugent qu'après que l'expérience leur a appris à les distinguer.

Après un mois, Joseph Ier ouvrit les yeux, que les ennemis du nouveau Ministre s'efforçoient à lui tenir fermés. Il reconnut que c'étoit le seul citoyen qui pût l'aider à supporter le poids de l'Empire.

CHAPITRE III.

De Joseph Ier.

CE Monarque qui n'a pas été assez connu, & dont la vie retirée a laissé des doutes sur son caractère, avoit les qualités qui distinguent les Rois. Il aimoit la gloire, l'Etat, & ses sujets. L'Histoire l'eût mis au rang des plus grands Rois du Portugal, s'il eût reçu une éducation digne du trône, mais elle lui manquoit. Jean V l'avoit toujours tenu éloigné des affaires, c'est-à-dire, des connoissances qui apprennent l'art de régner.

Il n'est pas aisé de dire par quelle fatalité la plupart des Rois ferment la porte du cabinet à ceux qui doivent leur succéder, leur faisant un secret d'Etat, de ce qui n'en doit pas être un pour eux. Seroient-ils jaloux d'une gloire qui ne doit commencer qu'après leur mort ? ce seroit pousser

fer l'amour-propre jufques dans le tombeau.
Toutes les profeffions fe fuccèdent par cet
enchaînement de connoiffances que les pères communiquent de bonne heure à leurs
enfans : feroit-il poffible que la plus difficile de toutes, fût exempte de cette loi
générale, & que pour être Roi, il fuffît
de monter fur le trône de celui qui vient
d'en defcendre ?

Un Politique a dit qu'il faut l'âge de trois
régnes pour favoir régner. Or comment
celui qui doit être inftruit de la fcience du
Gouvernement, la faura-t-il, s'il eft le
premier âge de fa vie fans l'apprendre ?

Voyez ce qui fe paffe dans la plupart
des Cours, entre le Monarque régnant,
& l'héritier préfomptif de la Couronne.
Le Roi a fa Cour, le Prince a la fienne.
Les Miniftres de l'un ne font pas les Miniftres de l'autre. Le cabinet de celui-là
n'eft pas le cabinet de celui-ci : on diroit
que ce font deux Royaumes différens,
tant leurs maximes & leurs politiques fe
reffemblent peu.

En Angleterre, le Prince de Galles eſt toujours oppoſé aux vues de ſon père : Si celui-ci a la majorité en Parlement, le fils eſt du parti de la minorité ; il croiſe toujours ſes vues & ſes deſſeins, & cabale contre lui ; c'eſt-à-dire, qu'il le fait paſſer pour un tyran : car qu'eſt-ce autre choſe, que ſe déclarer ouvertement contre ſon adminiſtration ? De-là vient, qu'en Europe le fils d'un Roi ne reſſemble jamais au Roi. Il ſuit de cette malheureuſe politique, qu'un Prince, en montant ſur le trône, ſe trouve dans un pays étranger, dont il ne connoît pas les avenues.

Malheur à tout Souverain qui ſuccède à un Roi dont une longue maladie a terminé le régne. Pour l'ordinaire, toutes les branches de l'adminiſtration ſe reſſentent de ſon infirmité. Non-ſeulement il faut établir, mais même détruire. Peut-être que dans la confuſion des choſes, il ſeroit plus aiſé de refondre l'Etat que de le rétablir.

Joſeph Ier voulut connoître par lui-même l'état préſent du Portugal. Il fouilla dans les replis les plus cachés d'un Gouvernement qui , pendant près de dix luſtres , avoit été en proie à des hommes avares & ambitieux qui , pour comble de maux , n'avoient ni génie ni capacité.

Pour commencer ſon régne ſous d'heureux auſpices , il établit un nouvel ordre dans l'adminiſtration , il ſubſtitua de nouveaux Miniſtres aux anciens , avec une fermeté qui ſe trouve rarement dans les Souverains qui prennent les rênes de l'Empire.

Ç'a été une ſtupidité , ou pour mieux dire une méchanceté à l'Auteur des Mémoires , de dire , comme il le fait , que ce Prince avoit une ſi grande timidité , qu'elle le portoit à craindre de perdre ſa Couronne ; & que , pour gagner ſa confiance , il ſuffiſoit de le raſſurer ſur cette crainte. C'eſt bien mal connoître le caractère dès Rois de nos temps modernes , de les croire ſuſceptibles d'une telle frayeur. Comme la ſeule qualité qu'ils remarquent dans leurs ſujets eſt une ſoumiſſion aveugle à leurs volontés, il ne leur vient jamais dans l'eſprit, que celle-ci puiſſe ſe changer en déſobéiſſance, encore moins en rebellion. D'ailleurs il leur faudroit des exemples pour les intimider; car les Rois ne croient point à ce qu'ils ne voient pas. Nous ne connoiſſons dans le ſiécle paſſé que Charles Ier qui perdit le trône avec la vie: encore falloit-il que la nature eût mis au monde un homme qui joignoit aux vertus du plus grand Prince, les vices du dernier des ſcélérats, & qui avoit l'adreſſe de cacher ſon crime ſous les apparences du bien public.

Ce qui fait prendre aujourd'hui le change ſur le caractère de ce Prince, c'eſt qu'on a vu à la tête des affaires un Miniſtre auſſi actif que vigilant, qui portoit la main ſur tous les endroits foibles du Gouvernement; & parce qu'on a vu que Carvalho ſe mêloit de tout, on a cru que Joſeph Ier ne ſe mêloit de rien; mais il eſt exactement vrai que chaque réforme venoit de lui, & qu'aucune ne se faisoit sans lui.

Falloit-il corriger quelque vice de l'Administration, créer une nouvelle loi, faire un nouveau réglement, donner de l'émulation à l'Art militaire, mettre l'armée sur un meilleur pied, augmenter la marine, rendre libre la navigation, lui ôter les entraves que le Gouvernement précédent lui avoit données ? Falloit-il diminuer le pouvoir du Clergé, empêcher qu'il ne prît trop d'empire, le faire rentrer dans ses anciennes limites, sans lui faire perdre aucun de ses anciens droits ? Étoit-il question d'une négociation importante, d'une affaire d'Etat, d'une dépêche de conséquence, d'une déclaration de guerre, ou d'un traité de paix ? En un mot, s'agissoit-il d'agriculture, d'industrie, d'arts, de commerce, de finances, &c. ? Tout étoit rapporté au Conseil d'Etat, & examiné mûrement entre lui & le Ministre. Telle étoit la maxime de ce Prince, de ne donner aucune loi, de ne faire aucun réglement, de ne publier aucune ordonnance, fans avoir calculé auparavant le bien qu'elle pouvoit opérer, par le mal qu'elle pouvoit caufer.

Au refte, l'hiftoire ne dit point qu'aucun Monarque ait éprouvé des viciffitudes fi longues, fi fuivies, fi compliquées, que celles qu'éprouva ce Prince. Elles portent un caractère unique. C'eft la plus grande leçon que la Providence ait faite aux Rois dans nos temps modernes.

En montant fur le Trône, Jofeph trouve la Cour remplie de factions, de cabales, de complots, d'autant plus dangereux que ceux qui les forment, tiennent aux premières charges de l'Etat. Il voit une Nobleffe fière, haute, préfomptueufe, qui veut fecouer le joug de la fubordination royale. Il découvre une fociété religieufe, avide d'autorité & de domination, qui emploie tous les refforts de la politique & de la religion, pour caufer une révolution dans l'Empire. Bientôt un phénomène affreux engloutit fa Capitale avec fes peuples & fes tréfors. La terre, l'eau, l'air & le feu conjurent contre lui. Il touche au moment de n'avoir ni Royaume ni fujets, & d'être réduit à la qualité de citoyen. A peine eft-il forti de ce péril, qu'il tombe dans un autre. Une noire trahifon fe forme contre fes jours. S'il échappe à la mort, ce n'eft que pour le rendre témoin d'un fpectacle plus affligeant pour lui, que la perte de la vie. Il voit fa première Nobleffe périr fur l'échaffaud par la main du Bourreau. La révolution de Porto achéve de jetter de l'amertume dans fon ame. L'ordre de la fubordination veut qu'il faffe mourir un grand nombre de fes fujets pour faire rentrer les autres dans leur devoir. Tant de maux ne le découragent point. Au lieu de fuccomber fous le poids de fes viciffitudes, il cherche à les réparer par une nouvelle vigilance, & de nouveaux foins. Il fait que Dieu n'afflige les Rois que pour les rendre plus actifs & plus circonfpects fur le Trône où il les

a placés ; que plus les caufes fecondes jettent le défordre & la confufion dans l'Empire , plus le Prince doit remonter aux
premières , pour corriger le mal dans fa
fource.

Je dirois volontiers que Jofeph commence
à régner au moment que tant de calamités
publiques femblent annoncer la fin de fon
règne.

C'eft alors qu'il travaille de concert avec
fon Miniftre avec une activité infatigable.
L'adminiftration eft d'autant plus difficile ,
qu'elle eft nouvelle.

Il y a des maximes de Gouvernement ,
dont les Rois font inftruits en montant fur le
Trône ; lorfqu'ils les favent une fois , ils
les favent toujours. Mais lorfqu'il faut fe
prêter aux temps , aux lieux , aux circonf-
tances , que des événemens extraordinaires
exigent des loix qui portent un caractère
dont on ne trouve aucun exemple dans les
Annales de la Monarchie, c'eft alors qu'on
connoît le génie du Monarque qui dirige

l'Empire. Au milieu de la révolution qui a changé le fort de la nation, on augure bien de fon règne. Mais Dieu afflige le Portugal d'un malheur plus grand que celui qu'il vient d'éprouver. Jofeph eft attaqué d'une maladie mortelle, qui le jette dans un état de langueur. Mais fi fon corps eft affoibli, fon ame ne l'eft pas : il affifte au Confeil, & délibére fur les affaires d'Etat jufqu'au dernier moment de fa vie.

Son père, après quarante ans d'un règne tranquille & heureux, laiffe le Portugal dans un état de foibleffe. Son fils, au milieu des troubles de la terre & du courroux du ciel, l'élève à la grandeur & à la puiffance. Voilà la différence qu'il y a du règne de Jean V à celui de Jofeph Ier, chofe à laquelle les Hiftoriens n'ont pas fait affez d'attention.

Ce Prince étoit doux, affable, prévenant, d'un abord facile, d'une fociété aifée, franc & ouvert dans fes procédés, aimant le bien & voulant le faire, ne connoiffant

d'autre vertu que la droiture, d'autre politique que la probité. Bon citoyen, bon
ami, bon époux, bon père, & ce qui
est au-dessus de tous les titres de gloire &
de grandeur, de puissance & d'héroïsme,
Roi, honnête homme.

LIVRE IV.

CHAPITRE PREMIER.

Etat intérieur du Portugal avant que Carvalho prît les rênes de l'Empire.

C'EST une justice qu'on doit à celui qui a gouverné une nation, de voir le point d'où il est parti, pour le louer de ce qu'il a fait de grand, ou le blâmer de ce qu'il a fait de mal.

Il y a des Etats où tout est fait ; il en est d'autres où tout est à faire. Il est dangereux alors pour un Ministre de paroître à la tête de ce dernier ; car il arrivera de deux choses l'une : ou il n'aura pas assez de capacité pour en réformer les abus ; dans ce cas, son administration ne fera qu'augmenter le désordre : ou il aura assez de génie pour les corriger, alors il se fera beaucoup d'ennemis. C'a été

de tout temps le fort des Miniftres réfor-
mateurs.

On vient de voir les caufes étrangères
qui, dans la conquête des Indes & la découverte de l'Amérique, avoient affoibli le
Portugal : mais il y en avoit de particulières
à ce Royaume qui l'avoit fait dégénérer.
Sa foibleffe tiroit fon origine de l'expulfion des Maures & des Juifs, peuples les
plus laborieux qui fuffent dans ce Royaume,
parce qu'ils n'avoient d'autres moyens pour
vivre que celui de leur travail & de leur
induftrie. S'il y avoit une agriculture en
Portugal, c'étoit aux Maures à qui on en
étoit redevable : s'il y avoit des arts, c'étoit
aux Juifs à qui on les devoit. La Cour de
Lisbonne fe défit des uns & des autres dans
un temps où elle en avoit le plus de befoin. La poffeffion du nouveau Monde
demandoit une induftrie nouvelle pour faire
valoir fes productions, & on fe défaifoit
de l'ancienne. Les Mémoires de ces temps-
là font pleins des regrets & des foupirs que
pouffèrent ces malheureux en quittant leur

patrie qu'on les forçoit d'abandonner ; ce qui les mettoit dans la dure néceffité de devenir étrangers dans tous les pays qu'ils iroient habiter. Ce fut en vain qu'ils offrirent une fomme confidérable pour acheter le droit de mourir dans le lieu de leur naiffance. Le fanatifme avoit prononcé leur fentence : dans les pays de la fuperftition, elle eft toujours irrévocable. Si ceux qui, dans ces Etats, dirigent la confcience des Rois, fe conduifoient par la charité, qui eft la première vertu chrétienne, ils les détourneroient de cet acte de barbarie qui déshonore l'humanité. Que fi ces Princes, pour autorifer ces banniffemens, les couvrent du voile de la propagation de la foi, on pourroit leur répondre : que, d'expulfer des infidèles de leur patrie, ce n'eft pas les rendre Chrétiens, mais feulement leur donner une mauvaife idée de ceux qui le font.

La politique n'y répugne pas moins que la religion. De tout temps, la tyrannie a caufé la deftruction de l'Empire.

Cette Monarchie reçut alors un échec, qui n'a pu être réparé depuis, ni par les richeſſes de l'Aſie, ni par l'or de l'Amérique. Il eſt démontré par tous les ſyſtêmes, que cent mille bras, employés à la culture des terres, vallent mieux que cent millions tirés des mines.

Voici une ſeconde révolution qui contribua à affoiblir le Portugal. A l'avénement du Duc de Bragance au Trône, il étoit naturel de penſer que les Portugais, ayant ſecoué le joug des Eſpagnols, reprendroient ces anciennes vertus qui leur avoient fait faire de ſi grandes choſes, & que l'induſtrie nationale renaîtroit de ſes cendres. Cela devoit être ainſi, & cela ne fut pas. Les guerres longues & opiniâtres, que la Cour de Madrid fit à celle de Lisbonne, pour reprendre une Couronne qui venoit de lui échapper, ne firent point ſortir ce peuple de ſa léthargie. La révolution ne porta que ſur le militaire. Chaque Portugais devint ſoldat, parce que chaque ſoldat craignoit de nouveau pour ſa liberté. Cette première conduite étoit louable ; mais la seconde ne le fut pas. Après qu'on eut assûré la Couronne sur la tête d'un Prince de la nation ; après qu'on eut donné bien des combats ; après qu'on eut remporté plusieurs victoires, on ne fit rien pour les Arts. Le systême politique prévalut sur l'économique, on négocia avec les cabinets étrangers, dont il falloit se défier ; on s'unit d'intérêt avec des Couronnes avec lesquelles il ne falloit point s'allier : on traita avec des Gouvernemens sur lesquels on ne devoit pas compter.

La paix qui après la révolution auroit dû ramener l'industrie, ne la ramena point. Soixante ans de siéges & de batailles avoient changé le caractère des Portugais : tel est le malheur attaché aux armes, que les citoyens, qui les ont portées long-temps, perdent le goût pour les autres professions, sur-tout pour les Arts méchaniques. En général, le Laboureur, qui s'est fait soldat, ne reprend point la charrue ; & l'Artiste ne rentre plus dans son Atelier. Une inaction générale succéda aux travaux militaires. Le Gouvernement politique se reposa sur des lauriers qui devoient répandre une ombre sur le Portugal.

La Cour de Lisbonne, occupée d'intérêts, qu'elle croyoit être les siens, & qui ne l'étoient pas, négligea les Manufactures, qui seules pouvoient rendre le Portugal indépendant de la main d'œuvre étrangère. Il est triste que les Annales modernes puissent reprocher à un Etat de semblables fautes. Mais depuis que les Agens des Couronnes sont chargés de l'Administration générale, c'est de leurs talens que dépend le sort de chaque peuple. Cette dépendance arbitraire, qui soumet des millions d'hommes au génie d'un seul mortel, ne devroit pas être, sur-tout depuis que la Philosophie a éclairé les hommes. Mais la Philosophie ne conduit pas toujours à la saine politique. Les siècles barbares ont peut-être eu de meilleures maximes sur la Science du Gouvernement, que les âges éclairés : c'est qu'à mesure que les intérêts

des

des Princes font devenus perfonnels à chaque Souverain, les préjugés, fur l'art de régner, font devenus plus grands.

L'Angleterre faifit ce moment d'affoupiffement du Portugal pour s'emparer de fon commerce ; & ce Gouvernement fut affez mal-avifé pour le lui confier. Jufques-là, la France avoit vendu au Portugal cette manutention de luxe, qui tire fa fource du génie de la nation. Mais fon Adminiftration s'avifa mal-à-propos de fermer fes ports aux genres qui venoient de Lisbonne. Il arriva alors ce qui devoit arriver. Le Portugal ferma les fiens à ceux qui venoient de France. Depuis que le droit de repréfailles eft établi, les Etats perdent toujours à ces défenfes ; elles n'ont d'autre effet entre deux nations, que de diminuer l'induftrie de chacune.

Cette faute de l'Adminiftration de la part de la France ouvrit un fentier à l'induftrie nationale. Le Portugal fabriqua de petites étoffes de laine, & fit même des draps affez beaux pour fe paffer des étrangers. La Cour de Londres fut effrayée de cette nouvelle manutention. Elle fit alors ce qu'elle a fait depuis dans les différentes Cours de l'Europe, où ses Ministres ont représenté avec chaleur qu'on devoit préférer sa main-d'œuvre à toutes les autres ; mais cette fois elle n'y réussit point. Le Portugal continua à fabriquer ses laines. Peut-être y eût-il établi les Arts, sans un événement qui les détruisit pour toujours : car tel est le sort des Gouvernemens modernes, qu'un seul incident peut changer la fortune de l'Etat, ainsi que le génie du peuple.

Louis XIV voulant finir sa carrière par un de ces coups d'éclat qui annoncent l'autorité d'un grand Roi, plaça son petit-fils sur le Trône d'Espagne. Cette politique, ou, pour mieux dire, cette ambition révolta la jalousie de toute l'Europe, déjà allarmée de sa grande puissance. La Cour de Lisbonne, voyant un Bourbon placé à côté d'elle, craignit plus que toute autre. Cette crainte la fit avoir recours à l'Angleterre, qu'elle auroit dû plus redouter que la France qui ne pouvoit avoir ni les mêmes vues, ni les mêmes moyens de s'emparer de son induſtrie. La Cour de Saint-James profita de cette terreur, pour s'unir avec le Portugal d'une manière indiſſoluble. Elle paſſa un traité avec lui, par lequel il lui permettoit l'entrée de ſes étoffes de laine, ſur le même pied où elles étoient avant la prohibition, à condition que ſes vins paie-roient moins de droits que ceux de France à leur entrée à Londres : deux conventions également onéreuſes pour le Portugal, puiſque l'une devoit affoiblir ſon agricul-ture, & l'autre détruire ſes Arts.

C'eſt à ce traité qu'il faut rapporter la foibleſſe de ce Gouvernement. Ce Royau-me n'avoit qu'un peu de vin, d'huile, de fruits & de ſel, pour ſe procurer les choſes que ſon luxe lui avoient rendues néceſſaires. L'Angleterre ſe contenta d'abord d'une partie de ſon or, mais comme une ambi-tion mène à l'autre, & que l'avarice n'a point de limites, elle augmenta inſenſiblement son commerce , de manière à avoir tout le produit de ses mines. On vit alors une chose qui prouve combien une nation peut devenir différente d'elle-même d'un siécle à l'autre. Ce Gouvernement qui dans les Indes avoit donné des loix au commerce de l'univers, poussoit alors le défaut de connoissances, jusqu'à ignorer les premiers élémens de cette économie-pra-tique, qui sert de fondement à la puissance des Etats. Bientôt le Portugal n'eut ni agriculture ni arts. Ses Laboureurs & ses Artistes étoient en Angleterre. Un million de sujets Anglois vivoient aux dépens de l'industrie du Portugal. Non - seulement la Grande - Bretagne nourrissoit & habilloit les Portugais , mais même les logeoit; car ils tiroient de Londres les différens matériaux qui entroient dans la construction de ses bâtimens.

Les vaisseaux qui alloient au Brésil sortoient de ses chantiers , ainsi que toutes les munitions de guerre & de bouche. L'Angleterre naviguoit pour ce Royaume ; elle faisoit son commerce des Indes, de la Chine, du Japon, de l'Afrique. Plus de huit cents vaisseaux étoient employés aux différentes branches de sa navigation. Les mêmes genres que les Anglois recevoient du Brésil, étoient renvoyés fabriqués à Lisbonne; & non-seulement ils les expédioient, mais même les suivoient dans cette Capitale, pour priver les Portugais d'une commission qui leur revenoit de droit. Voici une autre faute d'Etat. Après la découverte de l'Amérique, le Gouvernement fit une loi qui défendoit aux étrangers l'entrée du Brésil; il eût mieux valu en faire une pour défendre celle du Portugal. Il y avoit bien moins de danger de leur permettre de s'établir dans les Colonies, que dans la Métropole. Ils auroient pu, par leur industrie, augmenter les plantations, & contribuer par-là à encourager le commerce, au lieu qu'à Lisbonne ils l'affoiblissoient, en le dépouillant de tout son numéraire. On a dit, pour excuser cette faute, que les étrangers, sur-tout les Anglois, font appliqués, laborieux, entreprenans, entendant parfaitement le commerce : & voilà précisément la raison pourquoi il ne falloit pas les admettre. Rien ne décourage plus une nation déjà peu active, que de voir au milieu d'elle des étrangers remuans, vifs, ardens, infatigables, qui portent la main fur tout, qui entreprennent tout, qui fe mêlent de tout : cela jette la nation dans le découragement ; & comme une inaction mène à l'autre, elle tombe infenfiblement dans une efpèce d'engourdiffement.

Il étoit arrivé au Portugal, dans les derniers âges, une chofe qui, je crois, n'eft jamais arrivée à aucune nation depuis l'établiffement des fociétés ; je veux dire que le fyftême politique, l'état moral, & le gouvernement économique avoient dégénéré tout-à-la-fois.

Le plus petit Gouvernement de l'Europe avoit pris un afcendant fur cette Monarchie ; c'eft qu'elle n'avoit ni puiffance de terre, ni force de mer. Le Portugal étoit un exemple de cette maxime reçue en politique : que pour fe faire aimer , il faut commencer par fe faire craindre.

Les loix portoient l'empreinte des fié- cles barbares qui les avoient créées.

Les révolutions qui avoient changé plu- fieurs fois le Portugal , en avoient fait un Etat mixte , qui tenoit du monarchique & du républicain.

Les cabinets de l'Europe avoient choifi le moment de la décadence du Portugal pour achever de l'affoiblir. L'Efpagne fur- tout n'avoit pas négligé fes intérêts. Tous les traités qu'il avoit faits fous les régnes précédens étoient à fon avantage.

Dans le gouvernement d'un feul , il faut que l'autorité royale foit établie irrévoca- blement , fans quoi il dégénere en anar- chie. Le Prince n'avoit pas plutôt publié une Ordonnance , qu'elle étoit critiquée par ces hommes oififs qui paffent leur vie à cenfurer les Gouvernemens.

Les Agens de la Couronne n'étoient pas affez refpectés. En général, on faifoit peu

de cas de leur perfonne, & encore moins
de leurs réglemens. Rien ne retarde plus
les progrès de la puiffance fouveraine, que
le dédain qu'on a pour ceux qui dirigent
l'Empire. Cela venoit de ce que le Portugal étoit gouverné aujourd'hui par un
Prêtre, & demain par un Moine. On n'a
point d'eftime pour de pareils gens; & le
mépris qu'on a pour les Miniftres réjaillit
fur le Prince.

Le domaine de la Couronne étoit pof-
fédé d'une manière précaire. Le Roi n'en
jouiffoit que d'une partie. Des particuliers
s'étoient emparés des continens immenfes
en Amérique & en Europe, fous prétexte
des fervices qu'ils avoient rendus à l'Etat :
comme fi les fervices pouvoient autorifer
les ufurpations. Cet abus étoit refté, parce
qu'aucun Miniftre n'avoit imaginé qu'il pût
être réformé. Le Roi n'avoit de fujets que
ceux qui étoient dans l'Etat principal. Plufieurs continens des nouveaux Mondes
étoient fous la domination des Jéfuites. Ces
Pères avoient placé fur leur tête une cou-

ronne que S. Ignace leur avoit défendu de porter.

Depuis que le peuple portugais ne jouiſſoit plus de cette énergie qui l'avoit rendu l'admiration de l'Univers , il étoit tombé dans une forte d'aviliſſement. L'autorité du Prince ayant diminué , le peuple avoit augmenté ſon audace. Il s'en prenoit quelquefois aux Magiſtrats , les forçant , par des actes de violence , à tolérer ſes déſordres.

Les punitions , qui intimident les hommes, manquoient au Portugal. Le Gouvernement craignoit les révolutions , & c'étoit cette crainte qui les faiſoit naître. La modération dans les délits capitaux fait plus de mal , que le pardon des crimes ne fait de bien. C'eſt que les hommes abuſent de tout, de la clémence-même.

Par un vice intolérable de la conſtitution , il n'y avoit point de loi qui déclarât criminels de leze-Majeſté les rebelles qui réſiſtent aux ordres de ceux qui dirigent l'Empire.

Ceux qui occupoient les premières charges , y étoient parvenus par la faveur, la
cabale ou l'intrigue.

Les ordres militaires , qui font la ré-
compenſe des vertus , étoient prodigués :
on les conféroit à des hommes qui n'avoient
jamais ſervi l'Etat , & qui les dégradoient
ſouvent par l'obſcurité de leur naiſſance.

L'honneur eſt le premier reſſort du Gouvernement monarchique. Lorſqu'on avilit
ce qui en eſt la marque diſtinctive , on uſe
inutilement le premier reſſort de ce Gouvernement.

En général , la nation vivoit dans l'ignorance. Avec du génie & de l'imagination ,
elle n'avoit que de l'eſprit , qui , lorſqu'il
eſt tout ſeul , eſt plus propre à cauſer le
trouble & la confuſion dans un Etat , qu'à
y établir l'ordre & la tranquillité publique.

L'éducation des jeunes gens étoit né-
gligée ; on la confioit à des hommes dont
les maximes étoient pernicieuſes. Ces maîtres , en formant l'eſprit des Portugais ,
leur gâtoient le cœur. Le poiſon de leur

doctrine paſſoit dans leur ame avec la permiſſion de la morale ; de toutes les corrup-
tions, celle-ci eſt la plus corrompue.

La Nobleſſe peu inſtruite étoit auſſi
vaine qu'ignorante : ces deux choſes vont
aſſez enſemble, fierté & incapacité. Voilà
la deviſe de ceux qui ne ſavent rien.

Les Grands preſque toujours rébelles,
naturellement portés à la ſédition, étoient
capables de faire naître une révolution, pourvu que, pour la former, il ne fallût qu'une
cabale, une intrigue ou un complot.

Les Arts libéraux avoient ſuivi la décadence des Arts méchaniques. C'eſt peut-
être une règle aſſez générale, que la deftruction des uns entraîne la ruine des autres.

La Littérature étoit entièrement anéan-
tie. On a vu dans nos temps modernes des
Etats où il étoit défendu d'écrire : en
Portugal, il n'étoit pas permis de lire.

Ceux qui étoient chargés de l'Adminiſtration littéraire n'admettoient d'autres livres que ceux qui contenoient des

pratiques de dévotion. Tous les bons ouvrages philofophiques étoient prohibés. Ce
n'étoit pas parce que leurs Auteurs étoient
Philofophes , mais parce qu'ils étoient
éclairés. Des gens , qui n'avoient d'autre
autorité dans le Gouvernement , que parce
qu'ils ne favoient rien , ne devoient pas
permettre que d'autres fuffent quelque
chofe.

Depuis l'établiffement des Jéfuites , l'U-
niverfité de Coimbre n'en avoit que le nom.
Elle ne donnoit au Portugal que des igno-
rans d'autant plus dangereux , qu'ils vouloient paffer pour favans. On y achetoit
le favoir comme on y achete une charge
à la Cour , où la réfidence n'eft point néceffaire. Cinq ou fix mille écoliers fe faifoient infcrire à cette école , où ils étoient
difpenfés de venir étudier , pourvu qu'ils
payaffent leur droit de préfence , c'eft-à-
dire , celui de ne pas être préfens. Ils achetoient enfuite les grades qui leur valoient
le bonnet de Docteur , ce qui les faifoit

paſſer pour doctes. Il n'y avoit point de Collège royal. Dans toutes les Monarchies, où cet établiſſement manque, les Grands ſont peuple.

Le Portugal étoit privé d'un autre établiſſement peut-être plus intéreſſant, je veux parler d'une école publique pour la dernière claſſe des citoyens. C'eſt de celle-ci que dépend la grande Littérature. Qu'il y ait cent Philoſophes dans une nation; ce n'eſt qu'un petit rayon du ſoleil des Sciences; que deux millions de citoyens ſoient éclairés, c'eſt la grande lumière du ſavoir.

Les loix, qui veillent à la ſûreté publique, étoient ſans vigueur. Les citoyens n'étoient pas en ſûreté. La nuit, les rues étoient remplies de brigands qui aſſailloient les paſſans. Les bandes de voleurs étoient très-nombreuſes; par conſéquent les vols très-fréquens. C'eſt que les châtimens manquoient à la Police. Eux ſeuls peuvent arrêter le mal par l'exemple des ſupplices. Il faut qu'ils ſoient rigoureux, ſans quoi l'Etat civil est perdu. Mais à Lisbonne, les Ministres craignoient de passer pour cruels ; ce qui remplissoit l'Etat de cruautés.

Les gens en place commettoient toutes sortes de monopoles & de vexations. L'élévation de leurs charges, étoit pour eux une sorte d'immunité qui les garantissoit des peines portées par les loix civiles.

A la place de cette activité & de cet amour du travail, qui avoient fait passer la nation portugaise pour la plus laborieuse de l'Europe, il s'étoit formé une tiédeur, une nonchalance, une paresse qui alloit jusqu'à l'abandon de tous les devoirs du citoyen. Cette même inaction de l'Etat civil s'étoit communiquée au Gouvernement politique. Toutes les affaires languissoient à la cour comme à la ville.

S'il se trouvoit par hasard quelque Portugais qui eût les premières vertus citoyennes de ses ancêtres, on le regardoit comme un homme d'un autre monde, fait pour vivre dans un autre siècle.

Le vice du Gouvernement politique avoit paſſé à l'état moral.

Jean V avoit pris des maîtreſſes dans un lieu où l'amour ne devroit jamais faire ſentir ſes traits. Plus d'Etats ont péri, parce qu'on a violé les mœurs, que parce qu'on a violé les loix. Celles du Portugal étoient ſi corrompues, qu'on notoit d'infamie (1) les maiſons des nouvelles épouſes, voulant rendre par-là leur vertu ſuſpecte à leurs maris.

Le ſexe portugais qui juſques-là avoit été très-retenu, le fut moins, & bientôt ne le fut plus. Les intrigues de galanteries, preſqu'inconnues auparavant, en paſſant dans toutes les claſſes, corrompirent toutes les conditions. L'Etat économique éprouvoit la même révolution. La circulation des denrées étoit interrompue dans chaque ville; chaque diſtrict ne s'occupoit que de ſa ſubſiſtance, ſans s'embarraſſer

____

(1) On plaçoit des cornes ſur la porte de leurs maiſons.

de celle des autres ; ce qui est le vrai moyen d'affamer un Royaume, parce qu'étant privé des secours des cantons les plus abondans, il tombe dans la disette.

Voilà l'état du Portugal lorsque Carvalho prit les rênes de l'Empire.

CHAPITRE

CHAPITRE II.

Entrée de Carvalho dans le Ministère.

PAR un fort attaché aux chofes de ce monde, il faut prefque toujours que les caufes fecondes fe mêlent aux premières, & que fouvent même elles en dirigent les principes. La mort de Jean V, arrivée le 30 Juillet 1750, fraya le chemin de l'adminiftration à Carvalho. Sans doute qu'il y feroit parvenu dans la fuite, mais la fortune en devança le moment, & fit d'abord ce que fon génie & fes talens auroient fait après. Cependant ceux qui connoiffent le prix du temps, favent combien il eft avantageux pour un citoyen de parvenir d'abord à cette place, fur-tout au commencement du régne d'un nouveau Roi, qui peut fe laiffer prévenir par une foule d'adulateurs & de courtifans qui environnent fon trône.

Tome I.   S

Selon les loix du Royaume, le corps de Jean V ne pouvoit être livré, pour ses obsèques, que par un Secrétaire d'Etat, avec toutes les cérémonies d'un acte public. Ce sont les formalités du Portugal : il faut qu'elles constent authentiquement que le Souverain est descendu dans le tombeau, & qu'un autre régne à sa place. Le premier Ministre, le seul qui avoit ce titre, étoit malade. Le mauvais état de sa santé l'engagea à supplier le Roi de le dispenser de cette cérémonie.

La Reine mère attachée à l'épouse de Carvalho, qui, comme elle, étoit Allemande, le proposa pour cette fonction. Il falloit pour cela le créer Ministre. Joseph Ier le fit Secrétaire d'Etat des affaires étrangères.

Devenu Ministre, il cherche d'abord à connoître les intérêts des Princes : c'est le sublime de l'homme d'Etat. Cette science est très-compliquée ; elle demande une réflexion profonde, & des lumières supérieures. La République générale est un grand corps politique, dont les états particuliers font les membres. Chaque État a une politique particulière, qui fert à le diftinguer des autres. Par exemple, dans les guerres, les uns agiffent par un principe de liberté ; les autres ramenent leur puiffance à la navigation, & à des intérêts maritimes. La France tire fa grandeur du génie de fes peuples, fur-tout de fon goût pour les arts, dont la main-d'œuvre l'enrichit. L'État temporel du Pape fe maintient par l'autorité de fon Chef, & le refpect qu'on a pour fa perfonne ; l'Efpagne, par les tréfors du Mexique, & les moyens que ces mêmes tréfors fourniffent aux autres États de s'enrichir ; la Pruffe, devenue militaire, s'agrandit par les armes, ainfi des autres États guerriers.

Ceux qui connoiffent la conftitution du Gouvernement monarchique, favent qu'il eft divifé en départemens, qui ont chacun leur Chef. Carvalho fe charge de toutes les adminiftrations, & fe fait le Miniftre de tous les Miniftres. Quoiqu'il ne foit chargé que

des affaires étrangères , il s'occupe de toutes celles du Royaume. Ses ennemis ont
dit que c'étoit par ambition , & par un
deſir ardent de dominer ; mais il ſera toujours beau, d'avoir de l'ambition pour rendre les hommes plus heureux.

Comme depuis la liaiſon de l'Europe,
tout eſt relatif , & que la puiſſance d'un
Etat eſt toujours en comparaiſon de celle
d'un autre , Carvalho fixe ſes regards ſur
l'art militaire , les fortifications , les Gouvernemens , les finances , l'agriculture ,
l'induſtrie , la population , la marine , le
commerce de tous les Etats.

Je ſupplie qu'on me permette de faire
quelques réflexions préliminaires ſur ces
différentes branches de l'adminiſtration ,
établies dans les différens Gouvernemens
de l'Europe , pour en faire l'application
avec celles du Portugal. Ce n'eſt que par
cet état de comparaiſon, qu'on peut connoître au juſte la puiſſance ou la foibleſſe d'une
Monarchie. Si je m'écarte quelques momens de mon ſujet, ce ne ſera que pour
m'y ramener plus directement.

L'Art militaire.

La guerre fut de tout temps : c'eſt le ſeul fléau qui n'a point ceſſé d'affliger les hommes. On n'éprouve les peſtes, les famines, les tremblemens de terre que par intervalles, au lieu qu'on ſe bat continuellement.

C'eſt de l'art militaire que la guerre emprunte toute ſa fureur. On doit aux Grecs & aux Romains qui l'inventèrent, la dépopulation de l'univers. L'Hiſtoire militaire mérite une attention particulière, elle contient celle de toutes les révolutions des Empires du monde.

Dans les premiers âges, les hommes ſe déchiroient de leurs propres mains, mais celles-ci ſe trouvant trop foibles, ils y ajoutèrent le cheval, qui devint dès-lors une eſpèce d'animal militaire, dont l'activité & le choc ſervirent à leur faire gagner des batailles.

Cependant avec tant de moyens de ſe

battre, on se battoit moins qu'on ne se bat aujourd'hui : c'est que les Rois n'avoient point de troupes à demeure, & encore moins de soldats à leurs gages ; le service militaire se faisant alors par les fiefs, chaque Seigneur étant obligé de fournir au Prince un certain nombre de serfs. Cette milice, après la campagne, s'en retournoit chez elle, & ne revenoit qu'après qu'on la rappelloit, c'est-à-dire, lorsqu'on avoit besoin de faire la guerre. Quand il n'y auroit eu que le temps qu'il falloit pour donner cet ordre, assembler la troupe, la réunir, la faire entrer en campagne ; cela seul suffisoit pour diminuer les malheurs du monde.

On sait que Charles VII, après avoir chassé les Anglois de France avec des troupes qui devoient s'en retourner, conserva neuf mille hommes d'infanterie, & seize mille de cavalerie. Voilà l'origine de cette prodigieuse armée, composée aujourd'hui de douze cents mille combattans, à la solde des Souverains, qui causent autant de mal en temps de guerre, qu'ils en font pendant la paix : alors tous les Etats ſe battirent les uns contre les autres ; & il n'y eut plus de ſûreté pour aucun Gouvernement. De-là, cet effort de tous contre tous.

L'invention de la poudre, en augmentant le nombre des Arts, diminua celui des hommes. Il arriva alors ce qui n'étoit jamais arrivé ; c'eſt-à-dire, que l'induſtrie elle-même affoiblit la génération. L'Artillerie, dont la manutention donna la vie aux uns, cauſa la mort des autres. Les Arſenaux devinrent alors des tombeaux, où ſe précipitèrent des générations entières.

Autrefois c'étoit les Gentilshommes qui ſe battoient. En effet, la guerre qui ſe faiſoit pour eux, devoit ſe faire par eux. Mais lorſqu'un luxe prodigieux eut donné à la Nobleſſe un faſte qu'elle n'avoit point eu, & qu'elle ne devoit point avoir, il fut plus difficile de la faire entrer en campagne, & de raſſembler ce qu'on appelloit alors *le ban* & *l'arrière-ban.*

S 4

D'un autre côté, la constitution féodale de chaque Gouvernement, ne permettant pas d'aller chercher l'ennemi hors de l'Etat, on ne se battoit que sur ses propres foyers, ce qui diminuoit le nombre des sièges & des batailles : car de ce qu'on ne pouvoit pas attaquer un ennemi au loin, il s'ensuivoit que l'ennemi ne pouvoit pas venir attaquer de près. Mais lorsqu'on osa franchir ces limites, & qu'il n'y eut plus de barrières pour les armées, la guerre fut générale : l'Europe devint un théâtre tragique, où toutes les nations s'égorgèrent ; les François passèrent les Alpes pour donner des batailles. Les Allemands combattirent en Italie, & les Espagnols portèrent leurs armes en Afrique & dans les Pays-Bas.

La religion vint achever d'exciter une fureur que la politique n'avoit déjà que trop fomentée. On se battit pour ce même culte qui défend de se battre, car Dieu a ordonné la paix à toutes les nations.

Louis XIV, dont le siècle fut aussi éclairé que tumultueux, inventa la bayonnette, &

la machine infernale pour tuer les hommes plus sûrement, & plus immanquablement.

Le Roi de Pruffe, qui vint après, ajouta à toutes ces découvertes un fufil qui tire cinq coups par minute. Ainfi, un foldat, tous coups portant, peut tuer de fa main trois cents individus dans une heure ; en fuivant cette proportion, dix mille foldats peuvent donner la mort à trois millions d'hommes en foixante minutes. Il eft impoffible à un Prince militaire de fe dépêcher plus vîte pour arriver à la fin du monde. Le Portugal, au milieu de ce génie pour les armes, étoit refté fans émulation. Carvalho, en entrant dans le miniftère, trouva l'armée nationale fans difcipline, fans ordre. Point d'école militaire, point d'exercice, point d'évolution, point de campement.

En temps de guerre, on avoit recours aux étrangers pour combattre les ennemis. De toutes les politiques, celle-ci eft la plus mauvaife. Elle manque par la grande maxime, qui ne permet point de confier la puiffance

de l'Etat, à ceux qui n'en ſont pas citoyens.
Une fidelité mercenaire eſt trop ſuſceptible
de corruption. Des gens qui viennent de
loin, pour s'intéreſſer à des diviſions qui
ne les regardent point, y prennent peu
de part. Règle générale, les militaires
étrangers ſont rarement de bons ſoldats :
s'ils l'avoient été, ils n'auroient pas quitté
le ſervice de leur patrie, ou, pour mieux
dire, le ſervice ne les eût point quittés.
La raiſon, qui leur fait demander de l'emploi, eſt préciſément celle qui doit la leur
faire refuſer. Cette règle a des exceptions ;
mais c'eſt parce qu'elle a des exceptions,
qu'elle eſt règle.

Cependant le Portugal avoit une armée
inutile qui épuiſoit les finances. De toutes
les guerres, la plus onéreuſe eſt celle qui
ruine l'Etat. Que peut faire davantage l'ennemi le plus dangereux ?

A cette diſſipation des deniers royaux,
il s'en joignoit une autre ; celle de l'achat
des alliances. Cette finance eſt toujours à
pure perte. Ordinairement les troupes al-

liées, qui se vendent pour se battre, se battent mal. Elle font avilies par l'endroit même qui leur met les armes à la main. Si on lit l'histoire des guerres combinées depuis trois siècles, on trouvera que les armées auxiliaires ont rarement gagné des batailles. Ce n'est pas le courage qui leur manque, c'est l'émulation. Les Anglois n'ont jamais été si braves, en faisant la guerre pour les Portugais, qu'en se battant contre les François : on en fait les raisons.

Voici d'autres réflexions. Depuis environ un siécle, le grand système du Portugal a été celui de la paix : c'est sans doute le plus louable. Il est triste qu'il soit aussi dangereux qu'il est humain. La guerre, comme on vient de le dire, est le fléau qui anéantit l'espèce. Il est contraire aux loix de la société. Il n'est pas dans la nature que les hommes se tuent pour quelques morceaux de terre, qu'ils détruisent au moment même qu'ils se battent pour les posséder. Mais depuis qu'une maladie militaire a gagné

toutes les nations ; que les Gouvernemens
font remplis de Régimens , que tout eft
Cavalerie , Infanterie , Chevau-légers ; depuis que le flambeau de la guerre eft al-
lumé dans toutes les parties de l'Europe ,
c'eft une mauvaife politique que de ref-
ter fpectateur tranquille au milieu des fiéges
& des batailles , parce qu'après ceux - ci
une nation de foldats vient fondre fur un
peuple qui n'a que des citoyens ; fi on ne
donne point de batailles , il faut fe mettre
au moins en état d'en donner. De tous
les fyftêmes politiques , le plus fage eft
celui d'un Gouvernement , qui , en vivant
en paix , eft en état de faire la guerre. Les
Romains choififfoient toujours le temps
où ils ne fe battoient point , pour apprendre
à fe battre.

Des Fortifications.

Depuis qu'il n'eft point d'État qui n'ait
fes ennemis , il n'en eft aucun qui ne doive
être fortifié. Le génie , dans nos temps

modernes, est devenu si nécessaire, qu'on
ne peut plus s'en passer. C'est le boulevard
de la guerre contre lequel les plus puissantes armées vont échouer. On vient de
voir Gibraltar résister aux forces combinées
de l'Europe.

L'Allemagne vénère la mémoire de Co-
horn, qui mit l'Empire à couvert de l'in-
vasion des Turcs; & on n'oubliera jamais
en France le célèbre Vauban, aussi grand
Citoyen, que célèbre Ingénieur.

Une ville, fortifiée & bien défendue,
équivaut à une victoire. La valeur d'une
garnison, qui force l'ennemi à lever le
siége, mérite les mêmes éloges qu'on donne
à une armée qui gagne une bataille.

Nous venons cependant de voir un grand
Prince démolir les fortifications de ses
places de guerre, sans doute pour éviter
les longueurs & les dépenses inséparables
des siéges. Nous ne ferons point de réflexions à ce sujet: nous dirons seulement,
que cette politique seroit excellente, si toutes les Puissances de l'Europe suivoient son

exemple ; elle feroit renaître l'ufage des premiers Romains , qui ne fe battoient jamais derrière une muraille. Mais un Gouvernement , qui détruiroit toutes fes fortifications, tandis que les autres conferveroient les leurs, auroit par cela même le défavantage. Une première bataille le mettroit en danger, parce que , celle-ci perdue , l'armée n'auroit aucune place pour fe retirer ; au lieu que l'ennemi , en la perdant , auroit une retraite qui le mettroit à l'abri des pourfuites. Tout eft relatif à la guerre. La première maxime , eft de mefurer les avantages par les défavantages. C'eft dans cette balance qu'eft l'Art militaire.

Le Portugal , avec beaucoup de fortifications , étoit foible , faute de réparations dans fes places. La plûpart des baftions démolis laiffoient les frontières ouvertes à l'Efpagne , fon ennemie naturelle. Carvalho fit rétablir les fortifications , élever des remparts où il en manquoit , les garnit d'artillerie & de toutes les munitions de guerre propres à repouffer une armée ennemie qui fe préfenteroit , & mit le Royaume non-feulement en état de fe dé-fendre , mais même d'attaquer. Politique qui n'étoit jamais entrée dans la tête d'aucun Miniftre portugais , depuis l'inftallation du Duc de Bragance fur le Trône du Por-tugal.

Le Gouvernement.

Dans tous les Etats , il eft relatif à la manière de penfer des hommes qui le compofent. Cependant chaque Gouverne-ment a un objet principal , qui eft la liberté politique. Mais cette liberté , faute d'être connue pour ce qu'elle eft , dégénère fou-vent en fervitude.

La Pologne , par exemple , n'a que l'ombre de cette liberté dont elle fe vante. Une nation , qui élit fon Roi le fabre à la main , eft néceffairement efclave.

On a dit que le Gouvernement d'An-gleterre eft le plus indépendant. On le regarde comme le chef-d'œuvre de la po-litique moderne. Mais comme tout ce qui paſſe par la main des hommes , porte le caractère de leur foibleſſe , il périra. Rome & Athènes ont bien péri. Quoique les trois pouvoirs y ſoient bien balancés , ils ne le ſont pas aſſez. Le Roi a en main la puiſſance militaire libre & indépendante de tout autre pouvoir. Un Souverain qui peut faire la guerre ſans conſulter le Sénat, c'eſt-à-dire , la nation , n'a qu'un pas à faire pour arriver au deſpotiſme , d'autant plus abſolu , qu'il l'acquiert par les armes. Il n'a qu'à corrompre le corps qui doit fournir le ſubſide (& il eſt tout corrompu par ſa nature , parce qu'il en nomme la plûpart des membres) pour devenir le Sultan de la République.

D'ailleurs , comme dans ce Gouvernement il n'y a point de puiſſance intermédiaire , le Prince a moins de chemin à faire pour arriver à l'autorité ſuprême.

L'indépendance du Gouvernement Allemand eſt plus fixe. Comme le phyſique y varie moins , les hommes y ſont plus conſtans : c'eſt le ſeul peuple de l'Europe qui reſſemble

reſſemble le plus à ce qu'il a été. La plupart des nations ont perdu leur caractère par cette foule de révolutions qui changent les hommes. Les Allemands ont toujours été Allemands.

La Hollande a dégénéré de ſa première conſtitution. On y a ſubſtitué le commerce qui corrompt toujours l'Etat militaire. Des Marchands, dont l'ame eſt avilie par l'argent, perdent le goût pour la gloire, le Gouvernement n'étant occupé que du deſir d'acquérir des richeſſes, les troupes ſont ſans diſcipline, & l'armée ſans ſoldats.

La République, prête à périr, (car le numéraire ne ſauve point un Etat) ſe donna un Roi ſous le nom de Stathouder, pour veiller à la guerre, & maintenir l'ordre dans les troupes pendant la paix. Mais ce tempérament n'a point fortifié l'Etat, qui doit ſuccomber à là fin ſous les armes de ſes voiſins. Cet événement ſeroit déjà arrivé, ſi des objets particuliers de commerce avoient pu s'accorder avec les vues de la politique générale.

L'Italie remplie de Gouvernemens n'eſt point gouvernée. Veniſe ſeule a un Sénat, mais ce Sénat n'a que des Sénateurs. Ici le nom ſupplée à la choſe. Les Etats ſe maintiennent par les loix ; cette République ſe maintient par les uſages, elle fait aujourd'hui ce qu'elle fit hier, & fera demain ce qu'elle a fait aujourd'hui. Cela s'appelle à Veniſe *de la politique.* Lorſqu'on fait une ſeule choſe, il eſt impoſſible que cette choſe ſoit toujours bonne ; parce que toute bonté eſt relative ; & que ce qui eſt ſageſſe dans un temps devient folie dans un autre. L'inſtitution de Licurgue la plus parfaite, qui ait jamais été donnée aux hommes, ſeroit monſtrueuſe parmi nous. Il en eſt des Gouvernemens comme de toutes les autres choſes de ce monde, qui dependent entiérement du temps & des circonſtances. La République de Veniſe qui ſe vante de la perpétuité de ſes vertus, ne doit ſe vanter que de la perpétuité de ſes abus. Elle dut ſa grandeur paſſée à ſon induſtrie, à ſon commerce, & à cet aſſortiment de vertus héroïques qui la firent reſpecter, & même craindre des nations les plus puiſſantes de l'Europe. Si dans nos temps modernes elle n'a pas péri, c'eſt qu'il n'a pas convenu à la politique des grands cabinets, de la voir paſſer ſous une domination étrangère.

De tous les Etats, le plus foible eſt celui qui ne peut point exiſter par lui-même; c'eſt un eſclave qui peut avoir autant de maîtres qu'il y a de Gouvernemens qui lui ſont ſupérieurs en force & en puiſſance.

Le peuple qui ne tire aucune reſſource du Gouvernement dans lequel il vit, ne ſauroit l'aimer. Alors la République eſt expoſée à mille entrepriſes au-dedans & mille dangers au dehors : mépriſée de ſes voiſins & haïe de ſes ſujets, elle doit trembler ſur ſon fort.

Le Gouvernement Suiſſe, ſans être

mieux combiné que les autres, eft peut-être plus heureux, du moins il n'a aucune guerre perfonnelle. Tel eft fon Etat politique, que fans avoir à combattre aucun ennemi, il fe bat pour tous ceux qui le paient. C'eft du malheur de l'Europe, que la Suiffe tire toutes fes reffources. Les batailles qui fervent à appauvrir les autres Etats, contribuent à augmenter fa puiffance, s'il eft vrai que l'argent puiffe faire devenir puiffant. Les Suiffes trafiquent de la vie des hommes à la guerre, comme les chaffeurs d'une terre trafiquent avec les Seigneurs pour le gibier, à tant par tête par coups de fufil.

Comme tout eft fujet au calcul, on peut fupputer d'avance, fur le pied actuel des guerres préfentes, que dans quelques fiécles, toutes les nations feront éteintes : alors il n'y aura plus en Europe que des Suiffes.

Carvalho trouve le Gouvernement du Portugal plus foible encore que tous ceux de la République générale. Les Puiffances

intermédiaires , fubordonnées & dépen-
dantes de la Monarchie , avoient pris le
deffus. L'autorité du Clergé étoit fortie de
fes premières bornes ; la Nobleffe diminuoit ; les Loix fondamentales avoient perdu cette force qui eft le foutien de la puiffance monarchique.

Jean V qui avoit fait de grandes chofes
au commencement de fon régne , comme
on vient de le voir , l'avoit beaucoup affoibli à la fin. Ce Prince avoit laiffé le Gouvernement politique entre les mains d'une
claffe d'hommes qui ne font pas propres à
gouverner un Etat. Toutes les branches
de l'Adminiftration politique , civile & économique s'étoient affoiblies. Nous verrons dans la fuite de cet Ouvrage comme
il les rétablit dans toute leur force &
toute leur vigueur.

Politique.

Les premières fociétés qui fe formèrent
ne connoiffoient point ce mot ; il eft tout-

à-fait moderne. On trouve aujourd'hui mille peuples fur le globe qui n'en ont pas la première idée. Il faudroit bien des affaires pour faire entendre à un Chinois ce qu'il veut dire. Nous-mêmes, nous en ignorons la vraie fignification. Cependant malgré cette obfcurité, la politique a fon hiftoire comme une infinité d'autres chofes que nous n'entendons pas mieux. La Cour de Rome en jetta les premiers fondemens; ainfi nous devons au Vatican une fcience qui n'auroit jamais dû s'établir, ou qu'on auroit dû établir fur de meilleurs principes. Les Papes n'ayant point de force militaire, employèrent la négociation pour étendre leur Empire; & ils y réuffirent. Lorfqu'un Prince n'a qu'une affaire, il en vient plus facilement à bout, que celui qui en a plufieurs à la fois, & qui ayant l'efprit rempli d'autres idées, eft moins en état de fe livrer à la première.

Rome avoit des émiffaires dans toutes les Cours de l'Europe, qui lui apprenoient ce qui s'y paffoit : moyens fûrs pour prévenir les desseins des Rois. Voilà l'origine des Ambassadeurs.

On a accusé les successeurs de S. Pierre d'avoir voulu dominer sur les Couronnes : on auroit mieux fait de les accuser d'avoir voulu dominer sur l'opinion des hommes, qui est la première domination.

Le Trône de Rome chrétienne avoit l'avantage d'être électif. Les Princes héréditaires ont dans le cours de leur vie des périodes d'ambition ; après quoi ils se livrent à leurs plaisirs : ils oublient souvent jusqu'à leurs plus chers intérêts. Mais les Papes étant pris dans un Corps qui avoit le même esprit, & qui ne se départoit jamais des anciennes maximes, avoit pour cela même la supériorité sur les Rois, qui varient continuellement dans leurs vues & dans leurs desseins. D'ailleurs la plupart des Souverains, dans les premiers siécles, mal affermis sur le Trône, ne pensoient qu'à s'y assurer ; & cette occupation ne leur permettoit pas de porter leurs regards sur ce qui se passoit en Italie.

Les Empereurs ſeuls diſputoient quelquefois l'Empire aux Papes.

Le quinzième ſiécle eſt célèbre dans
l'Hiſtoire, non pas qu'il fût plus politique,
mais parce qu'il prépara les Cours à le devenir.

Charles-Quint & François Ier achevè-
rent ce que cette première révolution
n'avoit fait que commencer. Depuis ces
deux Monarques, la politique devint une
maladie contagieuſe qui ſe communiqua
dans tous les cabinets.

La République générale ſe diviſa en
deux partis, qui eurent chacun des guerres
continuelles, d'où naquirent cette foule de
maux dont l'Hiſtoire fait mention.

C'eſt à Richelieu qu'on attribue la politique la meilleure de nos temps modernes;
c'eſt-à-dire, la plus artificieuſe : car c'eſt
toute la perfection qu'on peut attendre d'une
ſcience qui n'étant affectée que de ſes intérêts perſonnels, n'eſt occupée qu'à tromper celui des autres. Un grand politique
eſt un grand intrigant ; & cet homme

l'étoit : aussi parlera-t-on toujours de lui dans les annales modernes, jusqu'à ce qu'un autre Ministre vienne persuader à l'Europe qu'il est plus fourbe & plus adroit que lui.

L'histoire a donné à Louis XIV la même ambition qu'elle avoit donnée auparavant à Charles-Quint qui, dit-on, aspiroit comme lui à la Monarchie universelle, sans faire attention que ni l'un ni l'autre ne pouvoient avoir cette idée, la plus vaine & la plus chimérique, qui puisse entrer dans la tête d'un grand Prince.

On sait les malheurs que la succession d'Espagne causa à l'Europe. La politique dans cette affaire se trompa depuis le commencement jusqu'à la fin. La paix d'Utrecht, pour rétablir tout, acheva de gâter tout. On s'étoit battu long-temps pour diminuer la puissance de la France : & ce traité lui laissoit la supériorité. Il suffit d'une seule campagne pour rétablir la balance. On n'avoit qu'un pas à faire, & on ne le fit point. On diroit qu'il y a des temps dans la politique où les cabinets s'oublient entiérement, & perdent de vue leurs plus chers intérêts. Alors ils tombent dans des fautes qui feroient honte aux particuliers, s'ils gouvernoient leurs maisons comme les Ministres gouvernent les Etats.

Heureusement que les Arts firent ce que la politique n'avoit pu faire, je veux dire qu'ils rendirent la supériorité aux Gouvernemens que la négociation leur avoit fait perdre. L'Angleterre & la Hollande acquirent l'Empire de la mer, qui, dans nos temps modernes, mene à celui de la terre.

Louis-le-Grand avoit voulu dominer sur cet élément ; mais il n'avoit fait, pour ainsi dire, que s'y montrer. Ce Prince avoit à peine jetté les fondemens de cette nouvelle puissance, qu'elle fut détruite. C'est que la constitution de la France est d'avoir une grande armée & une petite flotte.

Peut-être seroit-on plus heureux en politique, si elle avoit pour base la bonne foi. Un Ministre espagnol disoit, en parlant du Cardinal Mazarin : *Cet homme a un grand défaut en politique ; c'eſt qu'il veut toujours tromper.*

Celle du Portugal , ſans être trompeuſe , étoit foible & languiſſante. Jean V , qui venoit de deſcendre dans le tombeau , avoit une manière de gouverner qui n'étoit qu'à lui. Il avoit ſéparé ſes vues de celles des autres Governemens. Malheur à tout cabinet qui ſe dirige ſur des principes perſonnels. Tout eſt lié dans la République générale : c'eſt de l'accord de ſes différentes parties que dépendent la puiſſance & la ſûreté de chaque Société politique. Carvalho chercha à rétablir le niveau , & ſi l'on peut s'exprimer ainſi , à rapprocher le Portugal du reſte de l'Europe.

Finances.

La privation des richeſſes rendit les Romains Maîtres du monde. C'eſt que la pauvreté ſeule pouvoit leur donner les vertus propres à en faire la conquête. Tout a changé. **Le** ſyſtême de l'Univers ſe dirige par d'autres principes.

L'or & l'argent ſont devenus les nerfs de la puiſſance ſuprême. Depuis que la valeur ſe loue, & que la gloire s'achete; depuis qu'on a des ſoldats qui expoſent leur vie à raiſon de cinq ſols par jour, le Prince qui a le plus de cinq ſous devient le plus redoutable, parce que ſon armée eſt la plus formidable. Auſſi voyons-nous que les Gouvernemens, qui cherchent à dominer ſur les autres, mettent toute leur politique à devenir riches. C'eſt dans nos temps modernes l'Adminiſtration ſuprême. Que ſeroit aujourd'hui l'Angleterre ſans cet empire qu'elle a pris ſur les Arts, empire qui lui a donné celui des richeſſes. La Hollande ne compteroit, ou compteroit peu dans l'hiſtoire de notre monde, ſans ſa navigation ou ſon induſtrie qui lui donnent un tréſor, d'où elle tire l'influence qu'elle a en Europe. Réduiſez la Hollande à ſes marais; ce n'eſt plus une république, c'eſt une peuplade.

Il eſt vrai que le courage & la bravoure d'un peuple ſoldat pourroient faire
parvenir un Etat à la grandeur ; mais ſans
les richeſſes qui donnent les moyens de
ſubvenir aux frais inévitables d'une grande
armée , cette grandeur dégénéreroit faute
d'un point d'appui.

Ceux qui ont fait l'analyſe des qualités
militaires de Frédéric le Héros de nos
jours , ont trouvé que les ſubſides , que
lui paya l'Angleterre dans les premières
guerres , ont étayé ſa haute réputation.
Sans cette valeur numéraire , on peut pré-
ſumer que ſa gloire ſeroit aujourd'hui bien
en arrière : en un mot , pour acquérir le
pouvoir , il faut avoir ce à quoi tous les
hommes attachent l'idée de la puiſſance.
Celle - ci manquoit au Portugal. Ses Finances étoient dans un déſordre affreux :
l'Etat étoit privé d'eſpèces. Il n'y avoit de
l'argent que dans les caiſſes des Négocians
étrangers.

A peine les richeſſes du nouveau Monde

suffifoient-elles pour fubvenir aux befoins de l'ancien.

Jean V avoit encore contribué à épuiſer les Finances du Royaume, en attirant dans ſes coffres une richeſſe qu'il auroit dû laiſſer dans la circulation publique. Il eſt étonnant que les Rois oublient toujours qu'ils ne ſont que les Economes de leurs peuples, & non pas les Tréſoriers de leur Etat. Une Finance renfermée dans le Tréſor royal eſt perdue pour la République. Elle devient un bien de main-morte, qui fait autant de mal aux ſujets qui en ſont privés, qu'au Prince qui les en prive. On pourroit calculer au juſte le dommage que cette privation cauſe à l'un & à l'autre.

Les Anglois, pour prévenir les dépenſes exceſſives, attachées au faſte du Trône, ont mis leur Roi à la penſion. Cette politique eſt excellente. Elle épargne aux peuples le chagrin de voir le Prince jouir arbitrairement des richeſſes.

Ce qu'on appelle en Angleterre la *liſte*

civile, eft la mefure de la dépenfe royale.

Quoique la Cour du Porugal n'eût point ce luxe prodigieux, qui, par-tout ailleurs, environne le Trône des Rois, elle étoit fubordonnée à une dépenfe relative qui étoit confidérable. Tous ceux qui étoient chargés de cette économie, cherchoient plus à augmenter leur fortune, que celle de l'Etat.

Le tréfor royal étoit encore épuifé par des graces & des penfions accordées à ceux qui n'avoient d'autre mérite que de les briguer. C'eft un des endroits le plus difficile de l'adminiftration économique, que l'harmonie qui doit régner entre les récompenfes & les qualités qui les font mériter. A la Cour, où les caufes fecondes dirigent prefque toujours les premières; à la Cour, où l'apparence du mérite en impofe autant que le vrai mérite; à la Cour, où la faveur a le pas fur la vertu; en un mot à la Cour, où l'audace emporte d'emblée ce que la modeftie n'obtient pas toujours, où l'intrigue prévaut fur les fervices, il n'eſt pas aiſé d'établir la balance. Maìs à Lisbonne, c'étoit une mode, une coutume, un uſage de ſolliciter. Les Grands demandoient par faſte, & les petits par beſoin. Les premiers aſpiroient aux Viceroyautés, aux Prélatures, aux Commanderies; les derniers aux petites Magiſtratures, & aux Emplois du ſecond rang; tous vouloient vivre aux dépens de la République. Il partoit tous les mois un paquebot anglois qui n'étoit pas ſujet à la viſite, & qui profitoit de cette immunité pour enfreindre les loix qui défendoient l'exportation du numéraire: c'étoit un voleur domeſtique qui dépouilloit régulièrement le Portugal de ſon or.

Un ſeul trait peut ſuffire pour peindre le dérangement des finances du Portugal. Depuis ſoixante ans, les mines du Bréſil lui avoient rendu deux milliards cinq cents millions; cependant il ne reſtoit dans le Royaume que quatorze ou quinze millions effectifs. Il y a plus, l'Etat devoit ſoixante millions à l'étranger. Il s'en falloit donc de

quarante-

quarante-cinq millions, que le Portugal n'eût rien. Il eſt inoui, que, dans un ſiécle auſſi éclairé que le nôtre, où l'on écrit tant de bons livres ſur les intérêts des Princes, cette Monarchie ſoit tombée dans un pareil dérangement. Une foule de Tréſoriers, de Caiſſiers, de Commis vivoient aux dépens des revenus de l'Etat. Dans tous les Gouvernemens, ſur-tout dans le monarchique, ce ſont des vers qui rongent la ſubſtance publique.

Carvalho, à l'exemple de Sully, s'appliqua à rétablir cette première branche de l'Adminiſtration économique, qui ſert de baſe à la Puiſſance politique.

Nous verrons ce Miniſtre fouiller dans les replis cachés de ce monopole, d'autant plus difficiles à découvrir, qu'ils ſont enſevelis dans le grimoire obſcur de la finance. Il arracha le voile de ces iniquités qui retenoient les richeſſes dans leur ſource, ou les détournoient dans leur cours, &c. &c.

Il rétablit les finances, autant qu'on peut

le faire dans un Royaume qu'il trouva sans finances.

Agriculture.

Sans les productions, il n'y auroit point de commerce; la culture des terres seroit sans émulation : l'un & l'autre sont à la fois l'effet & la cause. Ils sont liés si étroitement, qu'on ne sauroit les séparer, sans causer une lésion dans l'économie - pratique.

C'est de l'agriculture que l'Art militaire tire ses forces; car pour se battre, il faut avoir les moyens de subsister, & ce sont les productions de la terre qui les donnent. Là où l'aliment manque, il n'y a point d'armée. Sans le pain, le canon est inutile. Si l'on fait l'analyse de cet art d'où tous les autres tirent leur origine, on trouvera que c'est à lui que l'Europe moderne doit sa grandeur, & que les victoires n'en sont qu'une suite. L'Histoire de l'Agriculture est un des beaux morceaux de nos Annales.

Les guerres qui agitèrent l'Empire Romain, & celles qui suivirent le regne de Charlemagne, laissèrent l'Europe en friche. Ce ne fut qu'après qu'on eut mis bas les armes, qu'on cultiva la terre ; car les hommes ont commencé par se tuer, & ensuite se sont occupés des moyens de vivre. Tel fut de tout temps l'avantage de la paix, qu'elle contribua à augmenter l'aisance publique.

Les Anglois, dans nos temps modernes, furent les premiers qui écrivirent sur l'agriculture. Les François, qui jusques-là n'avoient fait que des romans, firent des livres économiques.

Montesquieu osa dire aux Rois que leurs Loix ne valoient rien, qu'il en falloit faire de meilleures. On lut son livre, on l'étudia, chacun voulut l'avoir. Il répandit la lumière dans toutes les classes. Enfin, l'*Esprit des Loix* fit une espèce de révolution dans l'esprit humain.

Un Dictionnaire, écrit par une Société d'hommes éclairés, acheva de développer ce que les Auteurs particuliers n'avoient fait qu'ébaucher.

L'Hiſtoire naturelle (ſans laquelle il n'y a point de vraie agriculture)., qui avoit reſté cachée dans la nuit obſcure de l'ignorance, parut au grand jour, & tous les tréſors de la terre devinrent ceux de l'homme. Le Nord, qui depuis la création du monde étoit reſté en friche, fut cultivé, ainſi que les Etats du Midi, qui produiſirent davantage à meſure que les nations devinrent plus agricoles.

Il eſt remarquable que l'art le plus néceſſaire aux hommes, n'a fait de progrès qu'après que les moins utiles ont été perfectionnés : c'eſt qu'à meſure que le luxe augmentoit, les beſoins ſe multiplioient. Toute richeſſe qui ne vient pas de la terre eſt précaire. Nous voyons bien des Etats qui ont dégénéré par les armes ; mais nous n'en trouvons aucun qui n'ait proſpéré par les arts.

Le ſyſtême de la nature eſt le plus ſûr de tous les ſyſtêmes. Par-tout où il naît des hommes , le phyſique leur fournit le moyen de ſubſiſter ; & ſi cela n'arrive pas , c'eſt que quelque cauſe étrangère s'y oppoſe.

Cependant l'art de cultiver la terre n'eût pas fait de grands progrès , ſi l'adminiſtration économique de chaque Gouvernement ne l'eût encouragé ; ce qui fut une ſuite néceſſaire de la civiliſation.

On ſait que la Grande - Bretagne , pour exciter l'émulation , établit des prix pour les cultivateurs, ſoit Gentilshommes ou autres , qui produiſoient une nouvelle denrée. Perſonne n'ignore la médaille qui fut adjugée au Duc de Bedfort , dont la légende étoit ainſi : *Pour avoir ſemé du gland.* Je ne ſais ſi celles qu'on a frappées en l'honneur & gloire d'Alexandre & de Céſar ſont au-deſſus de celles-ci.

Il y a long-temps qu'on a dit , qu'il faut diſtinguer les colons comme étant les citoyens les plus utiles à la République ; mais on s'eſt borné à le dire. Tandis qu'on a encouragé les autres arts , l'émulation a manqué à celui-ci. L'Afie, le berceau de l'agriculture, à qui nous devons tant de productions, n'a pas augmenté le nombre de celles que nous poffédions avant que nous fuffions liés d'intérêt avec elle.

L'exemple de l'Empereur de la Chine, qui une fois l'année fe fait Laboureur pour imprimer le fceau royal à l'Agriculture, a paru admirable aux Rois ; mais ils fe font contentés de l'admirer. Il n'y a que l'Empereur Jofeph , qui , de nos temps modernes , ait manié la charrue. Mais fi les Souverains ne veulent pas devenir laboureurs , du moins doivent-ils encourager le labourage.

L'Agriculture en Portugal reçut moins d'émulation que dans aucun Etat de l'Europe ; les mines en furent caufe. Les Portugais , ayant de l'or de la première main , fe contentoient de ce métal. Dès-lors , la pareffe & l'oifiveté s'emparèrent de leur ame. Lorfque les hommes peuvent fe procurer les richeffes fans travail , ils ne cherchent point à travailler pour devenir riches.

Carvalho fe fit donner l'état des terres , Province par Province , continent par continent, diftrict par diftrict , favoir celles qui étoient en valeur & en friche, ce que les unes produifoient & ce que les autres ne produifoient point. Après un calcul auffi exact qu'il peut l'être fur cette matière , il trouva que le Portugal étoit en état de donner fix millions de feptiers de bled, c'eft-à-dire , que l'Agriculture générale pouvoit pourvoir à la fubfiftance de toute la nation. Pour être affuré de cette affer-tion , il ouvre l'Hiftoire ancienne du Por-tugal , & il trouve qu'avant & après les Romains, ce Royaume fubfiftoit de fes productions, fans avoir recours à celles des nations étrangères.

L'Agriculture du nouveau Monde n'étoit pas dans un meilleur état que celle de l'an-cien. On calculoit fes productions à un pour cent de la valeur de ce qu'elles pouvoient rendre, c'est-à-dire qu'il s'en falloit de quatre - vingt dix - neuf pour cent que l'Amérique portugaise fût aussi bien culti-vée qu'elle pouvoit l'être.

Il trouve que la disette des grains, dans l'Etat principal, vient de la trop grande abondance de vin. L'Angleterre, cette Puissance ambitieuse qui n'a jamais négocié avec aucune nation sans chercher à la détruire, ou au moins à l'affoiblir, a fait un traité avec le Portugal, par lequel elle se charge du débit de ses vins. Aussi-tôt les ménagers changèrent leurs champs en vignes. Il n'en faut pas davantage pour faire pencher la Monarchie vers sa ruine. Le premier aliment est le pain, le second est le vin : on peut subsister sans le second, au lieu qu'il est impossible de vivre sans le premier. Pour remédier à ce grand in-convénient, Carvalho porte le Roi à donner un Arrêt qui ordonne d'arracher un tiers des vignes. Ceux qui n'ont pas connu la nature de ce décret, ont imaginé que c'étoit les vignes les plus abondantes, c'est-

à-dire, des terreins très-féconds, & c'est là-
dessus qu'ils ont établi leurs murmures :
point du tout, c'étoit des cantons maigres
& stériles qui rendoient peu de vin.

On a écrit dans plusieurs livres, qu'il faut
laisser la liberté aux ménagers de faire valoir leurs terres, comme ils le jugent à
propos. Il n'y aura donc que les plus igno-
rans de tous les hommes qui auront vu
clair dans la chose du monde où il convient le moins de se tromper. Le Colon
se voit toujours avant la République ; guidé
par son intérêt personnel, la denrée qui
lui donne le plus est toujours celle qu'il
cultive le mieux. Il mettroit tout son domaine en jardins, si les fleurs lui rendoient plus que les grains. Il est étonnant qu'on ait cru qu'il falloit un conseil pour faire valoir les secondes Manufactures, & qu'il n'en fallût point pour
diriger la première de toutes. On trouve
vingt ordonnances sur la fabrication d'un
drap, & on n'en trouve aucune sur la
culture d'un champ. C'est à ce défaut d'ad-

ministration économique , qu'il faut attribuer la pauvreté & la difette de certains peuples , qui vivroient dans l'abondance, s'ils avoient de meilleures loix fur l'agriculture.

Nous ne difons pas que l'adminiftration doive diriger toutes les branches de l'Agriculture ; mais nous difons qu'il en eft qui doivent l'être , fur-tout celles de première néceffité.

Quel Gouvernement pourroit égaler la puiffance de celui qui auroit fur cette adminiftration les meilleures loix poffibles. Il faudroit pour cela diftinguer les terres à grain de celles à vin ; les denrées de premier befoin, des fecondes, des troifièmes, des quatrièmes, jufqu'à celles de luxe inclufivement. Un Etat, qui fe formeroit un tel plan d'Agriculture , auroit de grands avantages fur les autres. Mais cette idée n'eft pas encore entrée dans le cabinet des Rois , encore moins dans la tête des Miniftres.

Cependant, comme on s'eft beaucoup

récrié en Portugal fur cette loi agraire qui
ordonnoit de remettre le tiers des vignes
en champs , il faut l'examiner dans tous
fes rapports. Le Gouvernement anglois ,
avide d'or , & qui facrifieroit l'Univers entier à l'acquifition de ce métal , dit au Portugal au commencement de ce fiècle: « Vous
» n'avez point de manufactures , votre in-
» duftrie eft à former , vos arts à établir.
» Vous avez cependant des befoins phy-
» fiques & un luxe relatif à fatisfaire. Hé
» bien , écoutez , cultivez beaucoup de
» vin , & en échange de celui - ci , nous
» vous fournirons nos Arts : vos Vignerons
» fuppléeront à tous vos befoins ». Une
feule réponfe doit fuffire pour détruire ce
verbiage économique, dont le Miniftère anglois fe fért depuis qu'il négocie avec le
Portugal ; lorfqu'une nation n'a que la culture d'une denrée unique , qu'elle donne
en échange avec une autre pour fe procurer fes premiers befoins , il fuffit que la
récolte de celle-ci manque , pour que l'Etat
foit privé de tout. Ceux qui ont mis le

prix aux qualités des cultivateurs , ont trouvé que celle du Laboureur eſt ſupérieure à toutes les autres : c'eſt ſans doute dans ce ſens qu'un Monarque a dit : (1) *Si j'avois un homme dans mes Etats , qui me pro-duiſît deux épis de bled au lieu d'un , je le préférerois au plus grand Philoſophe.*

Lorſqu'un Miniſtre veut connoître le degré de culture dont l'Etat eſt ſuſceptible , il faut qu'il remonte aux premiers âges de ſa fondation. Il eſt certain que du temps des Romains , le Portugal avoit deux fois plus d'habitans qu'il n'en a aujourd'hui : il ſuit de-là , que les récoltes ont diminué de la moitié , & qu'avec le même domaine , il y a une fois moins de grains. Il ne faut point s'en prendre au phyſique qui ne change point , mais au travail des Portugais qui a changé.

On ſait que les Monarchies ont un reſ-ſort de plus que les Républiques pour faire fleurir les Arts, celui de l'honneur.

____

(1) C'eſt un mot de M. Swift , Anglois.

Quoique cet honneur ne foit autre chofe que le préjugé de chaque état, de chaque condition, de chaque homme, il a une telle influence fur les individus, qu'il les porte au bien par le feul honneur de le faire. Et c'eft déjà un grand avantage pour ces Etats, que de n'avoir befoin que d'un nom pour corriger en eux cette inaction qui les porte à ne rien faire.

Les ordres militaires, créés pour fervir de récompenfe aux actions glorieufes à la guerre, pourroient, fous une autre dénomination, produire le même effet chez les cultivateurs. Dans les Etats bien policés, on en a établi pour les Arts, & ils ont parfaitement réuffi.

Si en Portugal on déféroit l'ordre de Chrift au Colon qui auroit défriché plus de terre, au Laboureur qui auroit labouré plus de champs, au Ménager qui auroit donné la plus belle récolte, à celui qui auroit perfectionné une nouvelle branche d'Agriculture, à celui qui auroit planté un plus grand nombre d'arbres, à celui dont les troupeaux seroient devenus plus nombreux, à celui qui auroit fait valoir plus de fermes, à celui qui auroit diminué le nombre des communes, &c. &c. on verroit bientôt l'Agriculture du Portugal sortir de cet état d'anéantissement, où le défaut d'émulation l'a laissée jusqu'à présent.

Carvalho forma le dessein d'établir des loix agraires, & d'employer des récompenses & des distinctions pour répandre une nouvelle émulation dans l'Agriculture portugaise : on en verra quelques-unes à leur place, les autres ne font pas parvenues jusqu'à nous par cette foule de révolutions qui, s'étant précipitées les unes sur les autres, les ont laissées sans effet.

Industrie.

Les Arts ont leur origine, ils ont comme les hommes leur pays natal ; tous les climats ne les ont pas produits à la fois. Nous devons à l'Asie tous ceux qui fleurissent aujourd'hui en Europe. Ce n'est point au climat feulement à qui cette belle partie du monde en eft redevable. Sans doute que le Ciel contribua à leur établiffement, mais non pas à leur durée. C'eft à la ftabilité de l'Empire qu'il faut l'attribuer. Il n'y a guères que les Indes fur le globe qui puiffent fe vanter d'être gouvernées aujourd'hui comme elles l'étoient il y a deux mille ans. En Afie, les guerres, les peftes & les famines purent bien diminuer la main - d'œuvre, mais jamais l'éteindre.

Les croifades firent une chofe à laquelle la politique ne devoit pas s'attendre, & encore moins la religion. Ce pélérinage le plus dévot, ou, pour mieux dire, le plus bigot qui ait jamais frappé l'imagination des hommes, donna naiffance à un luxe prodigieux. *C'eft*, dit un Auteur (1), *en allant au tombeau de leur Dieu, né dans une crêche, & mort fur une croix, que les Chrétiens prirent le goût des magnificences & des richeffes.* Ces hommes, dévoués

---

(1) L'Auteur de l'Hiftoire philofophique des Indes.

humblement au Ciel , apportèrent à leur
retour tous les faſtes attachés à la vanité
de la terre. Voilà les hommes toujours in-
compréhenſibles dans leurs vertus comme
dans leurs vices. La morale gagne d'un
côté ce qu'elle perd de l'autre. Les Egliſes
en furent mieux ornées ; ce qui leur attira
plus de vénération ; car l'éclat des temples
frappe beaucoup l'eſprit des Fidèles. Ils
s'attachent facilement à tout ce qui porte
un caractère de grandeur & de magnificence;
au lieu que la pauvreté des temples diminue leur zèle.

Cette révolution dans les Arts , en fit
naître une dans la main-d'œuvre de chaque
Gouvernement. Les Italiens , à qui nous
devons tout , & qui doivent eux - mêmes
tout à l'Aſie , furent les premiers Fabricans
de l'Europe. La Flandre , juſques-là ſans
génie pour les Arts , devint induſtrieuſe ;
l'Angleterre qui l'étoit déjà , perfectionna
ſa main-d'œuvre. La France , ſans copier
une ſeule nation , les imita toutes. Peut-être
que cela la tint long-temps ſans induſtrie.
Rien

Rien ne retarde plus les progrès des Arts, que l'imitation dans la main - d'œuvre. Un mauvais original vaut mieux que la meilleure copie. Par-tout où l'imagination n'a rien à faire, le génie languit. L'Allemagne s'adonna aux mines. Cette profeſſion convenoit à des hommes qui, avec de grands corps & beaucoup de bon ſens, n'avoient pas beſoin d'eſprit pour arracher des métaux de la terre.

L'Éſpagne & le Portugal ne profitèrent pas de cette émulation générale. Ce dernier ſur-tout, après s'être donné en ſpec. tacle à l'Univers par autant d'induſtrie que d'activité, tomba dans une forte d'anéantiſ-ment. Lorſque Carvalho parut à la tête du Gouvernement, la nation étoit toute nue ; car on peut appeller de ce nom, un peuple qui n'a d'autre habit que celui qu'un état étrangèr lui fournit.

Généralement toutes les Manufactures de premier beſoin manquoient au Portugal. Le petit nombre de celles de luxe, qu'on y avoit établies, lui étoit plus à charge qu'utiles,

La Manufacture royale de soie, sous la direction d'un nommé *Godin Lionnois*, coûtoit quatre fois plus à l'Etat, qu'elle ne lui rendoit.

En voulant établir des Fabriques, on laiſſoit introduire celles des autres peuples; ce qui étoit le moyen d'arrêter les progrès des ſciences. Lorſqu'on veut encourager l'induſtrie d'une nation qui commence à ſe former, il ne faut point lui montrer de modèles étrangers, ceux-ci ont trop d'avantages; encore moins lui mettre devant les yeux des objets de comparaiſon, qui ne ſervent qu'à la dégoûter de ſa main-d'œuvre.

La Pragmatique ſur le luxe, croiſoit les bras à une infinité d'Artiſtes, qui étant ſans travail, étoient ſans ſubſiſtance.

Le grand nombre de Fêtes diminuoit encore l'induſtrie : elles accoutumoient les Artiſtes à la pareſſe ; car il eſt bien plus aiſé de prier Dieu, que de travailler. Les Portugais, pour les ſolemniſer, ne travailloient qu'un tiers de l'année, tandis que les étrangers, qui leur vendoient leurs arts, travailloient tous les jours de l'année. Voilà la véritable raison pourquoi la balance de la main-d'œuvre étoit en leur faveur. Il y auroit beaucoup à dire sur ces pratiques extérieures. Je ne dirai qu'un mot : la véritable dévotion est celle qui concilie les devoirs du chrétien avec ceux du citoyen.

L'industrie nationale étoit sans émulation. La concurrence qui dans les arts peut rendre les avantages égaux, n'étoit point réciproque. La balance de l'industrie étoit en faveur de la Grande-Bretagne. Cela venoit de ce que le commerce des Portugais étoit passif, & celui des Anglois actif; ce qui devoit appauvrir les uns & enrichir les autres. Les arts bannissent l'oisiveté, qui est la mère des vices, parce qu'elle étouffe les vertus qui naissent de l'amour du travail. C'est à quoi Carvalho chercha à remédier, en jettant les fondemens d'une industrie qui devoit rappeller les Portugais à leur première activité. Mais il fut d'abord obligé d'agir avec beaucoup de ménagement , crainte d'alarmer les Anglois qui étoient les Manufacturiers du Portugal. Il est triste pour une nation d'avoir à se cacher d'une autre , pour se pourvoir des choses dont elle ne peut se passer. Rien ne découvre plus le vice du système économique , qu'une pareille circonspection. Il se fit rendre compte de la consommation générale. Ces états sont très-difficiles chez les peuples industrieux qui se fournissent à eux-mêmes leurs besoins , mais très-aisés dans les Gouvernemens qui n'ayant point d'industrie se pourvoient chez l'étranger. On les trouve dans les registres des douanes , qu'on peut regarder comme le dépôt de ses dépenses. Carvalho trouva qu'il manquoit au Portugal vingt manufactures principales : il forme le dessein de les établir. En attendant , il porte ses regards sur le petit nombre de celles qui sont établies , & qui ont échappé à la vigilance des Anglois : il donne des ordres pour augmenter leur produit , en encourageant la main-d'œuvre.

Population.

Il s'est élevé une question parmi les Philosophes , pour savoir si l'Europe étoit plus peuplée autrefois qu'elle ne l'est aujourd'hui. Cette discussion , la plus inutile qui ait jamais occupé l'esprit humain, est plutôt un objet de curiosité qu'un sujet d'utilité. On pourroit comparer l'ancien Monde à un vieux tableau , dont les personnages, plus ou moins nombreux , ne laissent d'autre idée dans l'imagination , que celle d'une image remplie de figures peintes.

Il seroit peut-être possible de tirer quelqu'avantage de cette dispute , qui a beaucoup occupé les Savans du siécle , si on pouvoit comparer les premiers âges du monde aux derniers. Mais les sources de la vie & de la mort , qui font la mesure de la population générale , font si différentes dans nos temps modernes, de celles des anciens, qu'elles ne souffrent aucune comparaison. Le physique, qui influe beaucoup sur le moral, y a beaucoup contribué. On voit aujourd'hui la mer où étoit autrefois la terre, & la terre où étoit autrefois la mer. Le globe étoit affligé de maladies générales qui enlevoient des peuplades entières, faute de remedes. Ces maladies ne font plus, mais il en eft venu d'autres à leur place ; on n'a jamais fupputé fi elles étoient plus dangereufes, parce que ces fupputations font au-deffus de tout calcul.

La politique a encore plus influé fur la population que la nature. Les guerres des premiers fiécles étoient plus meurtrières que les nôtres. Il arrivoit fouvent qu'une armée entière étoit fondue dans une feule campagne. On fait encore avec quelle fureur les anciens fe battoient. Une ville affiégée devenoit le tombeau de ceux qui la défendoient ; il n'en échappoit pas un feul combattant. Dans un affaut général, tous les prisonniers qu'on faisoit, étoient passés au fil de l'épée. L'établissement du triomphe chez les Romains , contribua beaucoup à dépeupler la terre. Les vaincus étoient donnés en spectacle à l'univers , par une procession qui dégradoit l'état militaire : on aimoit mieux mourir les armes à la main, que de subir une telle ignominie.

Il n'y avoit point ou presque point de sociétés civiles ; elles étoient toutes militaires. La proportion des soldats au reste des citoyens , qui est aujourd'hui d'un à cent, étoit alors d'un à huit ; c'est-à-dire, que les nations entières étoient composées de soldats.

Tous les ennemis qui étoient pris les armes à la main , étoient esclaves : or les esclaves ne laissent après eux aucune postérité, car la servitude n'engendre point.

La nature des Gouvernemens contribuoit encore beaucoup à la dépopulation. On n'en connoissoit que de deux sortes, le despotique & l'aristocratique , l'un &

l'autre étant peu propres à la propagation de l'eſpèce:

Les loix diminuoient auſſi le nombre des hommes : on ſe battoit ſouvent pour en expliquer le ſens.

L'éloquence n'étoit peut-être pas moins funeſte à la population , que la juriſprudence. Il ſuffiſoit d'un Orateur pour mettre les armes à la main à des millions de mortels. La parole faiſoit alors ce que le canon a fait depuis.

Outre ces cauſes générales , Carvalho en découvre de particulières au Portugal : il voit clairement que le nombre des célibataires y diminue celui des hommes ; que des individus qui ne ſe marient point , ſont morts pour l'Etat civil ; & que non-ſeulement ils ne vivent pas pour la République , mais que la République eſt obligée de leur donner à vivre.

Il découvre que le nombre des troupes n'eſt pas moins nuiſible à la population que les Moines. Rien n'eſt plus nuiſible à un petit Etat , qu'une grande armée.

La milice est composée de fainéans honoraires. En général, le soldat passe sa vie à ne rien faire. La gloire dont il se pare n'est qu'un nom ; la véritable est celle d'être citoyen, & le soldat ne l'est pas. C'est une profession isolée, qui ne tient à la République que par le fusil, qui, en temps de paix, lui sert plus de parade que de défense.

La substitution des fiefs en Portugal mène à la stérilité. Elle est nuisible, sur-tout à la propagation de la Noblesse, parce que pour favoriser celle d'un seul individu, on éteint celle de plusieurs. Un vaste domaine, qui ne peut être divisé ni subdivisé, parce qu'il est substitué, empêche un grand nombre de mariages. C'est une expérience connue de tout le monde, que mille arpens de terre entre les mains d'un grand Seigneur, produisent la moitié moins, que si elles étoient entre les mains de trente petits Seigneurs : or, c'est à ce défaut de défrichement, qu'il faut attribuer celui de la dépopulation. La loi de la primogéniture n'y étoit pas moins contraire, & peut-être plus injuste. Un père qui a six enfans ne doit pas en déshériter cinq pour donner l'héritage à un. La nature & la politique répugnent à cette distribution de biens ; la première, parce qu'elle fait naître tous les hommes égaux ; la seconde, parce qu'elle ôte des enfans à la République. En effet, comment les cadets se marieront-ils, s'il n'y a que les aînés qui aient les moyens de se marier ? Aucune convention particulière ne peut déroger à ce principe : parce que la première de toutes les loix est le bien de l'Etat : or, le bien de l'État est dans le nombre des citoyens.

On dira que les substitutions & les primogénitures sont établies dans la plupart des Etats de l'Europe : c'est aussi la raison qui fait que ces Etats ne sont pas aussi peuplés qu'ils devroient l'être.

Cependant elles peuvent convenir dans certains Gouvernemens. Cela dépend des ressources que l'Etat donne aux sujets. En Angleterre, les cadets trouvent dans le commerce de quoi s'enrichir. Leur pauvreté eſt un aiguillon qui, en les excitant au travail, leur donne des reſſources que la loi leur refuſe. Mais dans les Gouvernemens, où il n'y a point ou preſque point d'induſtrie, il ne faut ni ſubſtitution ni primogéniture ; ſur-tout chez les nations qui regardent l'oiſiveté comme une prérogative attachée à la Nobleſſe, & où on n'eſt Gentilhomme, que parce qu'on ne fait rien.

Carvalho trouva encore que le Clergé régulier mettoit un obſtacle à la population. On comptoit alors en Portugal huit cents Couvents, qui contenoient la neuvième partie de la nation ; ce qui faiſoit un Moine pour huit citoyens. On doit juger par-là combien de citoyens étoient Moines.

Marine.

Si les anciens avoient ſur nous l'avantage dans quelques Arts, nous leur ſommes ſupérieurs dans celui de la Marine. Les armées navales des Grecs & des Romains n'étoient compoſées que de radeaux. Ils n'imaginèrent point qu'on pût former des villes ambulantes ſur les ondes. D'ailleurs, on ne navigeoit alors que dans la Méditerranée ; & , comme on ne quittoit point les côtes, cette Marine ne promettoit point de découvertes. Le commerce de proche en proche tiroit ſeul quelqu'avantage de cette navigation.

Après la décadence de l'Empire romain, cet Art s'anéantit comme tous les autres. On dut aux Barbares le renouvellement de la navigation , comme on devoit aux brigands celui de la guerre : car les plus grands établiſſemens tirent leur origine des hommes les plus corrompus , auxquels on a donné le nom de *Héros*. Ces Barbares venoient ſur des bateaux plats voler les nations, & s'en retournoient après les avoir pillées.

L'aiguille aimantée fit en un jour, ce que le génie des hommes n'avoit pas fait pen

dant vingt fiècles. On perdit la terre de
vue pour la première fois ; on fe hafarda
fur un élément qu'on ne connoiffoit point.
De tous les fpectacles qui ont étonné l'U-
nivers, celui de la navigation eft le plus
étonnant. Au milieu des mers immenfes ,
on fut où l'on alloit , d'où l'on venoit , &
où l'on étoit. Cette connoiffance , qui auroit pu être utile aux hommes , leur devint funefte. Elle fit naître les guerres navales , plus cruelles que celles de terre.

La Marine n'avoit encore que des ga-
lères. L'Italie fut la première qui ofa fe
battre fur un élément qui ne fembloit point
fait pour fervir de tombeau à des combattans. L'on fentit la néceffité des vaiffeaux.
Philippe II déploya fa puiffance par une
flotte la plus vaine , la plus faftueufe &
la plus inutile qui eût jamais paru fur
l'Océan. Elle étoit compofée de cent cin-
quante vaiffeaux du premier rang. Une
armée navale fi puiffante devoit périr par
fa grandeur même. Les navires , qui la
compofoient , étoient fi mal conftruits ,

qu'ils ne pouvoient pas se remuer. Leur masse & leur pésanteur les empêchoient d'obéir à la manœuvre. Aussi, les Anglois, contre qui cette puissance maritime avoit été formée, n'eurent qu'à la livrer à elle-même, pour la voir détruire. Les trésors qu'elle avoit coûté pour l'élever, employés à l'Agriculture & aux Arts, eussent suffi pour rendre l'Espagne l'Etat le plus florissant de l'Univers. C'est ainsi qu'une première opération royale mal combinée, peut rendre un Royaume foible & languissant pendant plusieurs siècles. L'Espagne se ressent encore aujourd'hui de la perte de cette flotte surnommée l'*Invincible*.

La Hollande profita de cette faute, pour acquérir l'Empire des mers. C'est à elle à qui il faut attribuer le fondement de sa Marine.

L'Angleterre, qui auroit pu s'opposer à la navigation de cette République naissante, occupée de ses intérêts personnels, la laissa se fortifier jusqu'au temps de Cromwell, qui lui ôta le sceptre de l'océan.

Louis XIV parut, & la France fut pour quelques momens la première Puissance maritime de l'Europe: mais elle eut le fort de celle de l'Espagne, qui s'affoiblit par sa propre grandeur. Toutes les fois qu'un Prince forme un établissement au - dessus de ses forces, il travaille lui-même à sa destruction. C'est un Architecte qui élève un grand édifice avant de placer l'échaf-faud.

On sait que la bataille de la Hogue fit rentrer la Marine françoise dans l'état d'anéantissement, d'où elle étoit sortie.

Pendant cette révolution, la navigation du Portugal dégénéra entièrement. Avec une mer immense, qui alloit jusqu'à la Chine, on manquoit de grands vaisseaux; on n'en envoyoit qu'un petit nombre toutes les années aux Indes; encore avoit-on délibéré plusieurs fois de les laisser dans le port de Lisbonne, parce que leur expédition coûtoit plus qu'elle ne valoit.

La flotte du Bréfil étoit la seule qui navigeoit sur l'Océan. Celle-ci même affoiblissoit la Marine marchande. Aucun navire ne pouvoit faire le voyage de l'Amérique séparément ; ce qui gênoit les négocians particuliers , & empêchoit en même temps les progrès de cette navigation.

Le cabotage , qui est la base de la Marine , étoit inconnu aux Portugais. Toutes les nations de l'Europe le faisoient pour eux. Il recevoit dans ses ports deux ou trois cents navires étrangers , & n'en envoyoit aucun dans les havres des autres nations.

Il n'avoit point de vaisseaux garde-côtes. Les corsaires d'Alger déployoient souvent leurs pavillons à la vue de Lisbonne. On verra ailleurs le réglement que Carvalho fit pour la Marine.

Commerce.

J'en ai déjà donné l'abrégé historique. Je finirai ici le tableau.

La boussole ayant ouvert le monde , il se fit une révolution générale dans tous les systêmes. L'établissement des Européens

aux

aux Indes, la découverte de l'Amérique, jettèrent le fondement d'un Commerce immense. Toutes les nations s'y livrèrent; soit que les unes eussent intérêt de vendre, & les autres d'acheter. Dès-lors, tous les besoins ayant doublé, toutes les consommations se multiplièrent dans la proportion de ces mêmes besoins.

La Hollande, dans nos temps modernes, donna beaucoup d'émulation au Commerce. Cette République, établie dans un pays stérile, qui n'a ni de quoi se nourrir, ni de quoi s'habiller, se chargea de la subsistance & de l'habillement de tous les peuples de l'Univers, portant aux uns ce qui manquoit aux autres, & gagnant sur tous.

L'Angleterre vit avec une sorte d'inquiétude, qu'une petite République, établie dans un marais de l'Europe, voulût dominer la première sur l'Océan, &, plus encore, qu'elle osât regarder la mer comme son Empire. Il fallut se battre pour acquérir la supériorité. Plusieurs victoires la don-

nèrent à la Grande-Bretagne, qui néanmoins ne voulut point détruire le Commerce
d'une nation induftrieufe, dont la rivalité
lui devenoit néceffaire pour entretenir
l'émulation.

Les François vinrent après; mais il leur
falloit un Colbert pour leur donner cette activité, cette ardeur du travail, & cette
conftance dans le Commerce que leur lé-
gèreté & leur inconftance naturelle leur
refufoient. Il ne faut fouvent qu'un homme
d'Etat, pour changer le caractère d'une nation. Colbert établit un grand nombre de
Manufactures, qui devoient fervir de fondement à un grand Commerce. Il falloit
pour cela irriter le goût des nations étrangères, en les invitant à une parure qui
leur avoit été inconnue jufqu'alors; c'eft
ce que Paris & Lyon firent avec autant
d'adreffe que de génie; car il ne fuffit pas à
un peuple de vouloir être induftrieux; fi
on n'a pas le génie de le devenir, on ne
le devient jamais : car alors on travaille
fans goût, c'eft-à-dire, fans fuccès.

Quelquefois les défauts d'une nation servent plus à sa grandeur, que ses vertus.
Les modes ont plus contribué à la puissance de la France, que ses conquêtes.
On n'eût jamais imaginé que la toilette
d'un sexe, aussi léger qu'aimable, eût pu
contribuer à l'élévation d'une Monarchie
qui passe pour la première de l'Europe.

Depuis le renouvellement des lettres, le
négoce est devenu un Art très - profond.
Il embrasse l'Univers entier, parce que
toutes les nations du monde s'y sont li-
vrées.

Le Commerce offre un des plus grands
spectacles qui ait jamais fixé l'attention des
hommes. « Il a peuplé l'Europe, dit un
» Philosophe, de nations laborieuses, qui
» roulent sans cesse autour du globe, pour
» le défricher & l'approprier à l'homme;
» agiter par le souffle vivifiant de l'industrie,
» tous les germes reproductifs de la nature;
» demander aux abymes de l'Océan, aux en-
» trailles des rochers, ou de nouveaux sou-
» tiens, ou de nouvelles jouissances; re-

» muer & foulever la terre avec tous les
» leviers du génie ; établir entre les deux
» hémifphères, par les progrès heureux de
» l'art de naviguer, comme des ponts vo-
» lants de communication, qui rejoignent
» un continent à l'autre ; fuivre toutes les
» routes du foleil ; franchir les barrières an-
» nuelles, & paffer des tropiques aux poles
» fous les aîles des vents ; ouvrir en un
» mot toutes les reffources de la popula-
» tion & de la volupté, pour les verfer par
» mille canaux fur la face du monde. C'eft
» alors peut-être que la divinité contemple
» avec plaifir fon ouvrage, & ne fe repent
» pas d'avoir fait l'homme.

» Telle eft l'image du commerce. Ad-
» mirez ici le génie du Négociant. Le
» même efprit qu'avoit Newton pour cal-
» culer la marche des aftres, il l'emploie
» à fuivre la marche des peuples commer-
» çans qui fécondent la terre. Ses problè-
» mes font d'autant plus difficiles à réfou-
» dre, que les conditions n'en font pas
» prifes dans les loix invariables de la na-

» ture , comme les hypothèfes du Geo-
» mètre , mais dépendent du caprice des
» hommes, & de l'inftabilité de mille évé-
» nemens. Cette juftefle de combinaifous
» que devoient avoir Cromwell & Riche-
» lieu, l'un pour détruire, l'autre pour ci-
» menter le defpotifme des Rois, il la
» poſſéde & va plus loin; car il embraffe
» les deux mondes dans fon coup d'œil,
» & dirige fes opérations fur une infinité
» de rapports qu'il n'eft donné que rare-
» ment à l'homme d'Etat , ou même au
» Philofophe de faifir & d'apprécier. Rien
» ne doit échapper à fa vûe. Il doit pré-
» voir l'influence des faifons , fur l'abon-
» dance, la difette, la qualité des denrées,
» fur le départ ou le retour des vaiffeaux;
» l'influence des affaires politiques fur celles
» du Commerce ; les révolutions que la
» guerre ou la paix doivent opérer dans
» le prix & le cours des marchandifes , dans
» la maffe & le choix des approviſionne-
» mens , dans la fortune des places & des
» ports du monde entier ; les fuites que

» peut avoir sous la Zône torride l'al-
» liance des deux nations du Nord ; les
» progrès, soit de grandeur ou de décadence
» des différentes compagnies de Commerce,
» le contre-coup que portera sur l'Afrique
» & sur l'Amérique la chûte d'une Puis-
» sance d'Europe dans l'Inde, les stagna-
» tions que produira dans certains pays
» l'engorgement de quelques canaux d'in-
» dustrie ; la dépendance réciproque entre
» la plupart des branches de Commerce,
» & le secours qu'elles se prêtent par les
» torts passagers qu'elles semblent se faire ;
» le moment de commencer & celui de
» s'arrêter dans toutes les entreprises nou-
» velles ; en un mot, l'art de rendre toutes
» les nations tributaires de la sienne, &
» de faire sa fortune avec celle de sa pa-
» trie, ou plutôt de s'enrichir en étendant
» la prospérité générale des hommes. Tels
» sont les objets qu'embrasse la profession
» du Négociant ».

Eût-on jamais imaginé que l'art d'acheter
& de vendre, opérations aussi simples que

méchaniques, euffent contenu une forte de Philofophie morale, propre à dévoiler le caractère du cœur humain.

Tandis que toutes les Puiffances de l'Europe augmentoient les branches de leur commerce, le Portugal diminuoit les fiennes, ou, pour mieux dire, les laiffoit anéantir entiérement. On trouve la caufe de cette révolution économique dans le fyftême politique de la Grande-Bretagne. *Repofez-vous fur nous*, difoient les Anglois aux Portugais, *nous vous fournirons tout ce qui vous eft néceffaire, nous vous logerons, nous vous habillerons : nous ferons la guerre à vos ennemis ; nous nous battrons pour vous : vos intérêts feront les nôtres ; les deux nations à l'avenir n'en feront qu'une.*

Quand Machiavel eût parlé lui-même, il ne fe fût pas exprimé autrement. Les premiers befoins doivent fe trouver dans l'état principal ; lorfqu'ils n'y font pas, l'état eft perdu. Il n'eft pas befoin de faire

la guerre à une nation qu'on nourrit &
qu'on habille : il ſuffit de lui refuſer la
nourriture & le vêtement , pour la tenir
dans la dépendance phyſique , qui eſt la
première ſervitude.

S'il y avoit eu alors un ſeul citoyen en
Portugal qui eût connu , je ne dis pas la
politique des Rois , mais le caractère des
hommes , il eût ſu que les nations ne ſe
lient pas d'une manière indiſſoluble , que
les moindres démélés les diviſent ; qu'aucun traité entre les Gouvernemens , depuis Charlemagne, n'a ſubſiſté en ſon entier;
que les alliances ne dépendent pas des
conventions ; mais du temps & des circonſtances, qui tiennent elles-mêmes à des événemens qui ſont au-deſſus de la prudence
humaine.

Il ne convient pas à une Nation de faire
un traité de commerce avec une Nation
plus induſtrieuſe qu'elle. Dans quel danger
ne ſeroit pas aujourd'hui le Portugal , ſi
l'Angleterre lui déclaroit la guerre : elle le

battroit avec fes propres armes, c'eft-à-dire les profits qu'elle fait fur fon commerce. Il vaudroit mieux ne s'unir d'intérêt avec aucune Nation, que de s'allier avec une Puiffance qui peut avoir de fi grands avantages.

Un Philofophe moderne (1) s'eft plu à donner le détail de ceux que la Grande-Bretagne prend fur cette Nation.

« L'Angleterre, dit-il, fournit au Por-
» tugal, outre fon vêtement, fa nourri-
» ture, fa clincaillerie, les matériaux de
» fes édifices, tous les objets de fon luxe;
» elle lui renvoie fes propres matières ma-
» nufacturées. Un million d'Anglois artifans
» & cultivateurs font occupés de ces tra-
» vaux.

» Elle lui fournit des vaiffeaux, des
» munitions navales, des munitions de
» guerre pour fes établiffemens du nouveau
» Monde, & fait toute fa navigation dans
» l'ancien.

---

(1) L'Auteur de l'Hiftoire Philofophique & Politique des Européens dans les deux Indes.

» Elle fait tout le commerce d'argent
» en Portugal : on en emprunte à trois &
» demi pour cent à Londres, & on le né-
» gocie à Lisbonne, où il en vaut dix.
» Au bout de dix ans le capital est payé,
» & il se trouve encore dû.

» Elle lui enlève tout le commerce in-
» térieur. Des maisons Angloises établiés
» à Lisbonne reçoivent les marchandises
» de leur patrie, & les distribuent à des
» Marchands dans les Provinces, qui les
» vendent le plus souvent pour le compte
» de leurs Commerçans. Un modique sa-
» laire est l'unique fruit de cette industrie
» avilissante, pour une nation qui travaille
» pour elle-même au profit d'une autre.

» Elle lui enlève jusqu'à la commission.
» Les flottes destinées pour le Bréil ap-
» partiennent en entier aux Anglois. Les
» richesses qu'elles en rapportent doivent
» leur revenir ; ils ne souffrent pas seule-
» ment que ces produits passent par la main
» des Portugais, dont ils n'empruntent &

» n'achetent que le nom, parce qu'ils ne
» peuvent s'en passer. Ces étrangers dispa-
» roissent aussi-tôt qu'ils font parvenus au
» dégré de fortune qu'ils s'étoient proposé,
» & tiennent l'Etat aux dépens duquel ils
» se font enrichis, dans un épuisement
» continuel. Il est prouvé par le regiftre
» des flottes, que dans l'espace de soixante
» ans, c'est-à-dire, depuis la découverte
» des mines jusqu'en 1756, il est forti du
» Bréfil deux milliards quatre cents mil-
» lions de livres, & cependant tout le nu-
» méraire du Portugal se réduifoit en 1754
» à quinze ou vingt millions : cet Etat en
» devoit alors plus de soixante - douze ;
» c'est-à-dire, qu'il s'en falloit de quarante-
» deux millions que le Portugal n'eût
» rien ».

On voit par ce tableau, qu'il ne falloit
pas moins au Portugal d'un Richelieu pour
rétablir sa puissance politique, d'un Louvois
pour créer un nouvel art militaire, d'un
Sully pour réformer les abus des finances,

& d'un Colbert pour jetter les fondemens des arts & des manufactures.

Carvalho établit les branches de ces différentes administrations.

Fin du Tome I.

TABLE

DES LIVRES

ET DES CHAPITRES

Contenus dans ce Volume.

AVANT-PROPOS,   Page 1

LIVRE PREMIER.

CHAPITRE PREMIER. *De l'ancien Gouvernement de Portugal, & de la sagesse de ses loix.*   34

CHAP II. *Du passage des Portugais aux Indes.*   41

CHAP. III. *Du commerce des Indes. De son origine & de ses progrès relativement aux différentes nations.*   46

CHAP. IV. *De l'Etat politique des Indes, avant la découverte du Cap de Bonne-Espérance.*   63

CHAP. V. *Passage des Portugais aux Indes, par le Cap de Bonne-Espérance.*   72

350 TABLE.

CHAP. VI. *Passage des Anglais aux Indes.* 96

CHAP. VII. *Passage des François aux Indes.* 107

LIVRE II.

CHAP. I. *Découverte de l'Amérique.* 122

CHAP. II. *Découverte du Brésil.* 129

CHAP. III. *Deux Nations maritimes veulent s'établir au Brésil.* 138

CHAP. IV. *Découverte des mines d'or.* 148

CHAP. V. *Jean V.* 153

CHAP. VI. *Du Frère Gaspard qui gouverna le Portugal sous le régne de Jean V.* 187

LIVRE III.

CHAP. I. *Naissance & éducation de Sébastien-Joseph de Carvalho ; son mariage ; son ministère à Londres & à Vienne ; son second mariage en Allemagne.* 198

CHAP. II. *Agitation dans les esprits au commencement du régne de Joseph Ier.* 236

CHAP. III. *De Joseph Ier.* 240

LIVRE IV.

Chap. I. *Etat intérieur du Portugal avant que Carvalho prît les rênes de l'Empire.*   251

Chap. II. *Entrée de Carvalho dans le Ministère.*   273

L'Art militaire.   277

Des Fortifications.   284

Le Gouvernement.   287

Politique.   293

Finances.   299

Agriculture.   306

Industrie.   318

Population.   325

Marine.   331

Commerce.   336

Fin de la Table des Livres & Chapitres.